サラブレッドはどこへ行くのか

「引退馬」から見る日本競馬

平林健一 Hirabayashi Kenichi

NHK出版新書
733

はじめに

競馬は素晴らしい。筋骨隆々のサラブレッドたちは、まるで芸術作品であるかのように、汗ばむ肌が陽射しに照らされてターフの上で光り輝く。そして人が跨《また》がって、言葉通り「人馬一体」で大観衆の前を全速力で駆け抜ける。そんな非日常的な光景は、他の何ものにも替えがたい価値がある。心惹かれる馬が現れ、動向を追いかける。そしてその馬が競走馬としての物語を終えた後、数年の時を経てその血を引く子がターフへやってくる……そんな循環も憎たらしいほどに心を躍らせるだろう。そんな〝唯一無二〟の競技に、心を奪われた一人が他ならぬ私だ。この競馬熱は、これまでもこれからも冷めることはないに違いない。

私が競馬に傾倒したのは幼稚園児の頃。生粋の競馬ファンで獣医療従事者だった父の影響だ。父の書斎に入り浸り、過去数年分アーカイブされた『競馬エイト』を眺めたり、種《しゅ》牡馬《ぼば》辞典や馬券術の本を読み漁るのが日課で、こと血統に関してはかなり詳しくなって、気付けば父の〝アドバイザー〟として毎週末、競馬場やウインズ（場外馬券場）で競馬予想に勤しんでいた。その後、一世を風靡《ふうび》したテレビゲーム「ダービースタリオン」の虜《とりこ》になったり、スーパーホース・ディープインパクトに魅了されたりなど、私から見た競馬の魅力を語るトピックは尽きない。

しかし実は、たった一度だけ「もう二度と競馬なんか見たくない」と思ったことがある。それは私が18歳の頃、初めてインターネットに深く触れたことに端を発する。かつて好きだった馬の名前を検索すると、ヒットしたのは競馬ファンが集う掲示板で、その馬は「行方不明」になっていると書かれていた。ここで言う行方不明とは、〝この世からの〟行方不明であることを指している。そして、それはその馬に限ったことではなく、多くの馬で同様に起こっているようだった。

私は言葉では形容できないほどの衝撃を受けた。

人生で一番やり込んだテレビゲーム「ダービースタリオン」では、愛馬を引退させる時に決まって、「乗馬として引きとられることになりました」と言われる。今思うと馬鹿げた話だが、私はそれを疑いもなく、信じていた。全ての競走馬は、引退した後どこかの乗馬クラブで元気に生きているのだと思い込んでいた。

しかし考えてみれば、競馬場以外で馬を見ること自体が珍しい。ましてや、この国に乗馬クラブはいったいいくつあるのだろう？　考えれば考えるほど悪い方向に辻褄《つじつま》が合ってきて、途方もない悲しみが湧き上がってきた。そしてそれは、テレビゲームの一文を何の疑いもなく信じ込んでいた能天気な自分と、いい面しか映し出そうとしない競馬主催者に対しての、底知れない怒りへと姿を変えたのだった。

だが、私は競馬から離れることができなかった。競馬から距離を置いたのはほんの数ヶ月程度だったように思う。理由は至ってシンプルで、競馬が持つ「魅力」に「怒り」が勝てなかったからだ。前者から後者を引き算しても〝プラス〟になってしまったのだ。一介の競馬ファンが向き合うには大きすぎるこの産業課題に対して、「いつか自分が力を持った時に、この問題に向き合おう」と心に決めて、蓋をした。今思えば、ただ競馬を楽しみたいがために問題を棚上げして、辛いことに背を向けただけかもしれない。それでも、自分なりにとても葛藤した出来事だったことは間違いない。

映画「今日もどこかで馬は生まれる」の成功から見えた景色

私がその蓋を開けることになったのは、テレビ番組や企業のPR映像を作る会社で映像ディレクターとなった後だった。奇しくもドキュメンタリーを主戦場にする制作者となった私は、図らずも映像表現という手段を通じて世の中に想いを発信する術《すべ》を身に付けていた。

私は思った。「今こそ、蓋を開けよう」と。

そして社内に映画サークルを作った。その名も「Creem Pan（クリームパン）」。そこで私は同僚から参加者を募って、競走馬の〝その後〟をテーマにしたドキュメンタリー映画「今日もどこかで馬は生まれる」の制作をスタートさせた。その内容は、出産から売買取引、競走生活、そして引退後のキャリアまで、競走馬の一生を包括的に取材し、中立的な立場から引退した競走馬（引退馬）の問題の現状を描き出すというものだった。

会社は私たちの活動を最大限サポートしてくれたが、当然、制作費まで援助してくれるわけではない。そこで私たちはクラウドファンディングへの挑戦を決め、結果、210名の方から269万円の援助をいただいて、映画はクランクインした。

本作制作時に痛感したことでもあるのだが、競馬業界で「引退した馬の〝その後〟は追うな」というのは暗黙の了解だった。そのため、そんなタブーに切り込んでいくことは、想像以上に困難を極めた。しかし、この問題を看過できない競馬関係者が一人、また一人と協力してくれて、構想から足かけ1年半の時を経て、1都1道5県での全12シーンの撮影をもってクランクアップを迎えた。スタッフは本業の傍ら手弁当で奔走《ほんそう》し、私も有給休暇を全て使い切って何とか完成に漕ぎつけた。本当に大変な毎日だった。もう一度やれと言われてもできないかもしれない。

２０１９年12月。その年の競馬の総決算であるＧＩレース・有馬記念の開催と時を同じくして、「今日もどこかで馬は生まれる」は東京・新宿の独立系映画館K's cinemaにて封切りを迎えた。生まれて初めて自分の作品が映画館で上映されるとあって、「お客さんが一人もいなかったらどうしよう」と不安で仕方がなかったが、劇場に着くと開館を待つ人が長蛇の列を作り、入り口につながる階段にまで溢れていた。まさかの満員御礼。上映後の舞台挨拶、ロビーでの交流。まさに制作者冥利に尽きる体験だった。

その後新型コロナウイルスの流行に見舞われたものの、全国の独立系映画館で順々に上映を敢行した。２０２０年には門真《かどま》国際映画祭のドキュメンタリー部門で優秀作品賞と大阪府知事賞を受賞し、日本映画専門チャンネルでの放送、Amazon Prime Video、U-NEXT、

Huluほか10を超えるサイトでの配信、また各競馬場のターフィーショップでもＤＶＤが販売された。北米と韓国でも作品が展開され、一般の方々に劇場やオンライン上で呼びかけていたレビューも１０００をゆうに超えるなど、大きな反響を得ることができた。

しかし私としては、業界の方々からも大きな反響をいただいたことに、ひときわ大きな意味があったと思っている。ＪＲＡ（日本中央競馬会）が茨城県に有する美浦《みほ》トレーニングセンターで上映会を行なった際に、多くの調教師や騎手の方に足を運んでいただいたことや、競馬開催期間中の船橋競馬場内で上映会を実施したことは、意義深い出来事だった。

私は馬が好きだ。だがきっと、私以上に馬が好きな人が、馬に関わることを職業にしているに違いない。そう考えれば、引退した競走馬の現実に憂《うれ》いを感じないはずがない。私は映画の制作と興行を通じて、それを痛感することができた。

競馬大国・日本の課題

映画の興行活動が落ち着いてきた頃、私はCreem Panを法人化して、人と馬を身近にするサイト「Loveuma.（ラヴーマ）」を立ち上げ、運営をスタートさせた。２０２４年10月現在、Loveuma.は独自の切り口で引退馬問題を取材・執筆するシリーズから、アンケート調査とその考察、牧場関係者が執筆する連載企画まで多様なコンテンツを有し、年間で約30万人のユニークユーザーが閲覧するサイトとなった。微力ながら人と馬の未来に貢献できているのかもしれないが、サイト運営自体は大きな利益が出る構造ではないため、事業としての売上の多くは広告・PRツールとしての映像・Web・デザインの受託制作で賄《まかな》っている。本書の執筆時点では3期目を終えようとしているところだが、おかげさまで多くの馬事関係の顧客から支えていただき、会社として成長を続けていることは感謝してもしきれない。

私が組織を法人化した背景には、引退馬問題が関係している。なぜならば、これまでの活動を通じて、この問題は非常に複雑で根が深く、一朝一夕に解決し得ないもので、長く付き合っていかなければならないものだと気付かされたからだ。このセンシティブな問題に長く関わるためには、業界の中に入り、馴染《なじ》んでいくことが必要だった。そこで、自分が持つ専門性を事業にして、一企業として馬事業界に影響力を持つことが必要だと考えたのだった。

引退馬問題はなぜ、それほどまでに解決が困難なのだろうか。

シンプルに考えれば、競馬があるからサラブレッドが生まれ、引退馬も生まれるのだから、競馬を廃止すれば問題は解決する、ということになる。しかし、幕末の1867年に外国人居留地であった横浜の根岸で競馬が開催されてから、競馬というスポーツは日本で長きにわたり、幾度となく社会現象を巻き起こしながら、多くの競馬ファンに夢を与えてきた。

そして、競馬とは〝賭け事〟でもある。日本の中央競馬では、馬券の販売はJRAが一元管理している。その売上の一部は国庫納付金となって、畜産振興や社会福祉などに役立てられる。すなわち「税金」のような役割を果たしている。

ちなみに日本競馬は、売上が世界最大であることにも触れておきたい。（単一主催者としては）売上世界2位の香港競馬の、2022～2023年のシーズン売上は日本円にして約2兆6800億円。日本の2023年の中央競馬の売上は約3兆2800億円で、さらにこれに地方自治体が主催する地方競馬の売上約1兆889億円が加わる。合算すれば、ゆうに4兆円を超える計算だ。日本は最も馬券が売れている国なのである。

そして何より、主催者であるJRA職員や地方競馬の職員、騎手、調教師など運営の中核に携わる人だけでなく、生産・育成牧場の関係者や、それらを管理する組合法人など、競馬産業のもとで生計を立てている人が数え切れないほどいる。そうした産業の構造や働く人々の存在を無視し、引退馬の余生をつくることのみにフォーカスして産業の廃止を唱えることは、いささか非現実的と言わざるを得ない。

しかし、馬には命がある。その一方で、日本では毎年約7000頭のサラブレッドが競走馬になるために生産されている。毎年、約5000頭の内国産馬がと畜されている。この5000頭の中には、サラブレッド以外の品種も含まれるが、内国産馬の約8割はサラブレッドなので、その多くが競馬を引退した馬ではないかと推測できる（詳しくは第5章で述べる）。業界で競走引退後に消息がわからなくなるのは珍しいことではなく、先ほども述べたように「その後の進路は追わない（調べない）」という〝暗黙の了解〟が存在しているのだ。

馬は生産者のもと、「家畜（経済動物）」として生産される。家畜とは「人がその生活に役立つよう、野生動物を品種改良した動物」のことで、ご存じの通り、牛や豚や鶏もここに分類される。だから引退馬問題を語るうえで、牛や豚や鶏を引き合いに出して「馬だけが特別なんですか」という意見を目にすることもある。

それはある種の正論だろう。しかし、他の家畜と比較した時に確かに特殊だと言える面もある。まず競走馬には名前があり、競技の性質上、それが一般に認知される仕組みがある。さらに、「血統のスポーツ」と呼ばれるように血統が重要視される競馬は、輝かしい戦績を誇った馬の子孫が数年の月日を経てデビューし、それが繰り返される。ファンにはたまらない循環だ。個性的な馬はニックネームが付けられたりグッズが販売されたりするし、近年では「ウマ娘 プリティーダービー」などで擬人化されて多くのファンに愛されるなど、まさに〝アイドル化〟する。競走馬は他とは比較にならないほどに「人が感情移入しやすい家畜」なのである。

つまり引退馬問題とは、家畜として生まれたのに、それを超えた存在となり、その後また家畜として処理されることに対する、競馬ファンを中心とした人々の違和感によって生まれている問題だ。

競馬があるから多くの馬が生まれ、多くの馬が行方不明になる。決して覆らない事実が眼前にそびえたっているのにもかかわらず、困ったことに、私たちは競馬を嫌いになることができない。だから私もこの問題に蓋をして、光だけを見ようとしてきた。しかし、引退馬への関心が高まりつつある今こそ、この問題をしっかりと見つめることが必要なのではないだろうか。

この本では、競馬産業の中で生を享《う》けたサラブレッドの一生をたどる中で、それぞれのフェーズに潜む重要な事象を、有識者や関係者の言葉を紹介しながら、複合的に解説していく。そしてそのうえで、競馬主催者とその関係者を取材して、この問題とどう向き合うべきかを考えた。

競馬大国・日本が抱える引退馬問題に解決の糸口はあるのだろうか。本書を通じて、読者の方々と共に考えていきたい。

サラブレッドはどこへ行くのか――「引退馬」から見る日本競馬　目次

第１章

隆盛を極める日本競馬

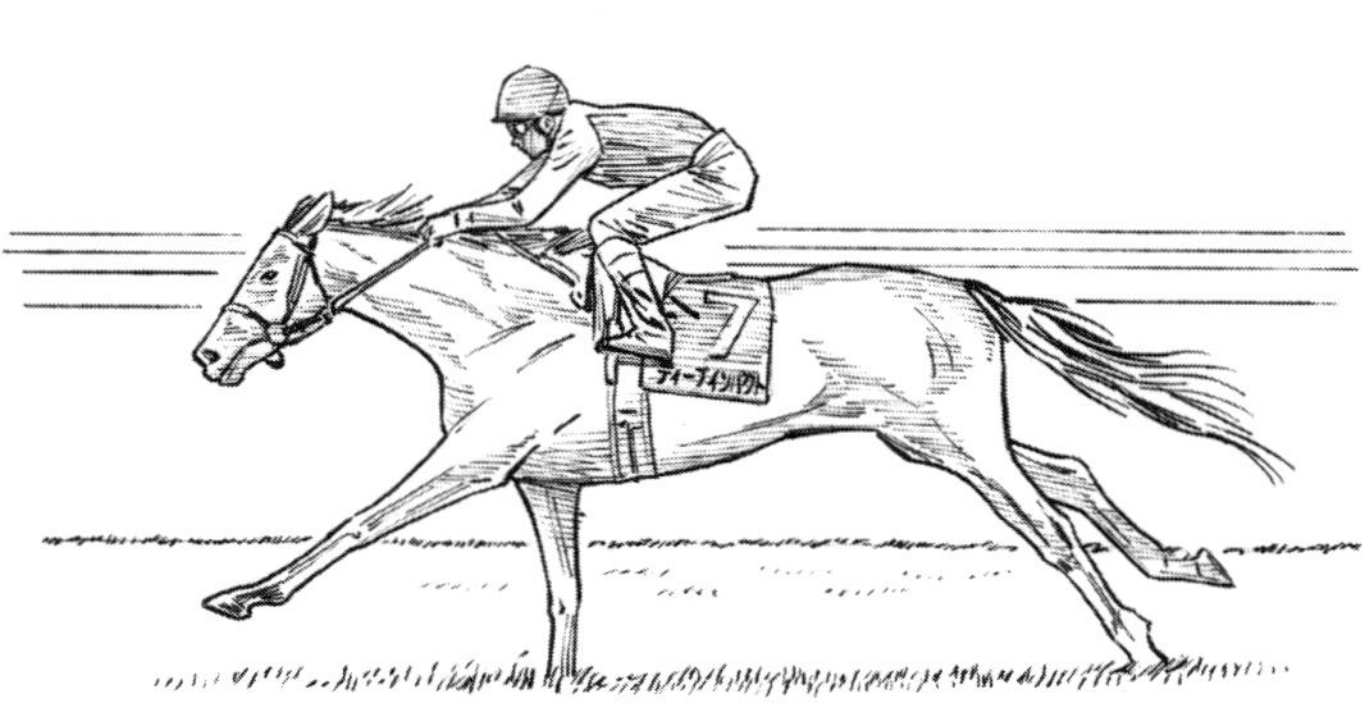

皆さんは競馬とどのような関わりをお持ちだろうか。

昨今はネットでの馬券購入やレース観戦が普及し、1年を通していつでもどこでも競馬を楽しめる環境にある。自宅から馬券を買ったり、競馬場に通ってレースを観戦したり、なかには人生において競馬がなくてはならないほどにハマっている人など、その関わり方はさまざまだろう。

いつの時代も世間に浸透するものには、必ず社会的なブームが巻き起こる。それは競馬にも共通し、それぞれの時代に競馬が隆盛する出来事が存在した。この章では、引退馬問題を考える前提として、まずは日本で競馬がどのような盛り上がりを見せて今に至るのか、その経済規模がどのように変化してきたかを、各時代のブームの立役者となったサラブレッドを紹介しながら駆け足で見てみたい。これから登場する馬たちの名は、競馬に詳しくない人も、おそらく耳にしたことがあるだろう。逆に競馬ファンにとってはご存じの内容も多いと思うので、知っている部分は読み飛ばしていただいて構わない。

日本競馬のはじまりと大衆化

日本の近代競馬は明治時代から本格的に始まった。当時の競馬界に全国組織はなく、各地に作られた競馬倶楽部によって運営されていた。初めて日本人の組織によって馬券が発売されたのは１９０６年のことで、馬券の価格は1枚5円だったという。当時の警察官の月給が15円だというから、１００円から買える現在と比べるとかなり高額だったことが見てとれる。それでも熱中する人が後を絶たず、その2年後になんと馬券の発売が禁止されたというのだから驚きだ（以後15年間にわたって禁止されている）。

その後、１９２３年に旧競馬法が制定されて馬券の発売が公認となり、また１９３６年の同法の改正で全国に11あった競馬倶楽部が統合され、日本競馬会が設立された。初めてＮＨＫでラジオ実況が放送されたのは１９３２年のことで、その頃から競馬は国民の娯楽として定着していたことがわかる。

そして戦後、ＧＨＱによって日本競馬会は解体され、しばらくは国営での競馬が行なわれていたが、１９５４年に農林水産省が所管する特殊法人として政府が資本金を全額出資する、現在の日本中央競馬会（ＮＣＫ、後にＪＲＡに改称）が設立された。ここに至って、国が民間に移管して競馬が開催されるという、今にまで続く中央競馬の仕組みが築かれた。

そして高度経済成長の恩恵を受けながら、競馬人気が加速する一つの転機となったのは、3歳馬の重賞「シンザン記念」というレース名にも冠されている、名馬シンザンの登場だろう。シンザンは東京オリンピックが開催された1964年に、皐月《さつき》賞、日本ダービー、菊花《きっか》賞のクラシック三冠を達成。その偉業は史上2頭目で、かつ23年ぶり（戦後初）だったことから、スポーツ紙だけでなく一般紙でも報道され、競馬の大衆化が進んだ。

シンザンは翌年に有馬記念を制覇、有終の美を飾って引退したが、その後も競馬人気は冷めやらず、シンザンが三冠馬となった1964年に346万人だった中央競馬の競馬場への入場者数は、4年後の1968年には844万人に、売上もその間653億円から2428億円へと伸びている。

2つの競馬ブームの立役者

そんな1960年代の熱狂のうえに、1970～90年代にかけて「2つのブーム」（1973年の第一次競馬ブーム、1980年代後半から90年代始めの第二次競馬ブーム）が起きたことは、長年の競馬ファンならばよくご存じなのではないだろうか。

それによって競馬産業がどれほど大きく成長したかは後ほど述べるとして、まずはこの2つのブームがどういう社会現象だったのかを見てみよう。

2つのブームの中心には、スターホースとして名を馳《は》せた競走馬がいた。第一次競馬ブームの立役者ハイセイコーと、第二次競馬ブームの火付け役オグリキャップである。この2頭には、現役競走馬として活躍した時期こそ違えども、2つの共通点がある。

一つ目は、どちらも地方競馬でデビューし、中央競馬の旧八大競走を制していることである。ハイセイコーは東京の大井競馬場でデビューし、6連勝の後に中央競馬へと移籍すると、そこからさらに3連勝、八大競走・牡馬《ぼば》三冠の皐月賞を制した。オグリキャップは岐阜県の笠松《かさまつ》競馬場でデビューして10勝を挙げた後、中央競馬へと移籍。クラシック競走未勝利（未出走）で最優秀4歳（現3歳）牡馬のタイトルを史上初めて手にし、二度の有馬記念制覇を含むGⅠ4勝を挙げ、1990年には年度代表馬に選出された。

二つ目は、アイドルホースとしての側面だ。ハイセイコーは元祖アイドルホースと呼ばれる。70年代当時、競馬は現在のイメージとは大きく異なり、競馬場が「鉄火場」の域を超えることはなかった。そんな中で、主戦騎手であった増沢末夫《ますざわすえお》が歌った歌謡曲「さらばハイセイコー」のレコードが45万枚を超える大ヒットを記録したほか、『少年マガジン』の表紙を飾るなど、ハイセイコーは老若男女を問わず愛され、国民的な人気を誇った。

昭和の終わりから平成の始まりにかけて活躍したオグリキャップは、ぬいぐるみの登場がそのアイドルホースぶりを物語っている。AVANTI社が売り出したオグリキャップのぬいぐるみは爆発的な売り上げを見せ、競走馬のぬいぐるみグッズの先駆けとなった。同時期には「オグリギャル」なるファン層も生まれるなど、その活躍は、競馬が性別を問わず幅広い世代に親しまれるきっかけになった。

実は私の実家にもこのぬいぐるみがあった。お願いして買ってもらった記憶はないので、父に聞いてみると「買ってないよなあ……飲み屋でもらってきたんだったけな?」とのこと。スナックの〝おみや〟になるほどまで、世の中に流通していたということなのだろうか。

ハイセイコーとオグリキャップ。競馬の社会的地位を押し上げたのは、彼らアイドルホースの功績と言えるだろう。

「英雄」と呼ばれた競走馬

オグリキャップは1990年で引退したが、その後人々の競馬熱は冷めるどころか勢いを増し、90年代のJRAの馬券売上も飛躍的に上昇していった。その間、史上初の天皇賞・春の連覇を成し遂げた名ステイヤー・メジロマックイーン、三戦とも「完勝」で史上5頭目のクラシック三冠を達成し、GⅠ5勝を挙げた怪物・ナリタブライアン、フランス凱旋門賞で日本調教馬として初の2着となったエルコンドルパサーなど、数々の名馬と物語が生まれた。同時に、アメリカから輸入された種牡馬・サンデーサイレンスが日本の種牡馬に関する記録をことごとく塗り替え、中央競馬のレベルが飛躍的に高まったことは競馬ファンの多くが知るところだ。

そんなサンデーサイレンスの数多くの子の1頭として2002年に誕生したのが、ディープインパクトである。日本競馬はこの馬なくして語れない。

生涯成績は14戦12勝。うちGIを7勝し、2005年と2006年に年度代表馬に選出され、その圧倒的な走りに全競馬ファンが熱狂した。2006年の凱旋門賞は禁止薬物の検出により失格となってしまったものの、国際競馬統括機関連盟が発表している競走馬のレーティングでは、(2006年1月1日から7月10日までの期間ではあるが)日本馬として初めて世界1位となった。その全てのレースで手綱《たづな》を握った主戦騎手の武豊《たけゆたか》騎手は、スポーツ紙の取材で自らディープインパクトのキャッチコピーを提案し、「英雄」と称している。

ディープインパクトは単に中央競馬の歴史を塗り替えただけではない。その存在は社会現象となり、日本中で高い注目を集めた。『週刊ヤングサンデー』のグラビアを飾り、特大ポスターが封入されたほか、缶コーヒー「ボス」のCMで、厩務員《きゅうむいん》に扮《ふん》するトミー・リー・

ジョーンズと共演を果たし、２００５年の新語・流行語大賞に「ディープインパクト」としてノミネートされた。これらは世間からの注目がいかに大きなものであったかを表している。

私もディープインパクトの大ファンであった。虜になったきっかけは、２００５年1月22日の若駒《わかごま》ステークス。同レースは日本ダービーをはじめとするクラシック競走に進むための3歳馬のトライアルレースで、私は自宅のテレビで見ていたのだが、最後方から大外一気で全馬をごぼう抜きしたその走りは、まるでゲームの世界のようで、凄まじい〝インパクト〟だった。後に関係者やメディアはその走りを「飛ぶ」と表現するようになるが、素人の私の目にも、その走りはこれまで見たことがないほど異質なものだった。

負け組の星

さて、ここまでに取り上げた3頭、ハイセイコー、オグリキャップ、ディープインパクトは、いずれも中央競馬で輝かしい戦績を収めた名馬であった。最強馬の登場が競馬を大きく盛り上げる流れは、いつの時代にも共通している。しかしその流れに反して、〝最弱〟であるがゆえに競馬を盛り上げた馬も存在する。それがハルウララだ。

同馬は1998年に地方競馬の高知競馬でデビューし、生涯成績は113戦0勝。2004年の引退レースまで、一度も先頭でゴールを駆け抜けることはなかった。

ハルウララが注目を浴びたのは、2003年の夏のことである。今でこそ最高売上の更新が続き盛り上がりを見せているが、当時の高知競馬は財政状況の悪化から廃止の危機に瀕《ひん》していた。窮地の中で高知競馬組合の広報職員が、「何でもいい。人目を引くことをしないと」という思いから、ハルウララに関するプレスをマスコミ各社に送ったことがきっかけとなって、全国から認知されるようになる。ハルウララの単勝馬券は〝当たらない〟ことから交通安全の御守りとして重宝され、メディアはハルウララを「リストラ時代の対抗馬」と評し、「負け組の星」として異例の全国的な人気・知名度を獲得したのである。

その盛り上がりの最高潮とも言っていいのが、2004年3月22日、ハルウララに武豊騎手が騎乗した日だろう。最弱の馬に最強の騎手が跨がる姿を一目見ようと多くのファンが競馬場へと押し寄せ、高知競馬の歴史を大きく塗り替える来場者数と売上を記録した。平常時で1日約6000万円だった高知競馬の馬券売上は、この日なんと8億6904万円を記録（ハルウララ&武豊騎手が出走した第10レースは5億1162万円）。ハルウララの単勝馬券の売上は1億2175万円を計上し、国内外から90社のメディア、約400人の取材陣が詰めかけた。

ちなみにハルウララは現在、千葉県夷隅《いすみ》郡にある牧場で、多くの里親たちの支援によって余生を過ごしている。私も一度見学に行ったことがあり、数百円でニンジンをあげることができるサービスがあったので参加させてもらうと、一緒に放牧されていた僚馬を押し退《の》けて（時には噛みつく仕草を見せながら）ニンジンに食らいついていた。この闘争本能が競馬にも生かされていたら……なんて思ったが、そんな単純なものではないのだろう。ともかくにも、現役時代に活躍できないと余生が危ぶまれる競走馬の世界で、ハルウララがのんびりと毎日を送れているのは何よりだと思う。

新たな競馬ブームの到来

競馬ブームを支えてきたのは、実在する競走馬だけではない。漫画、アニメ、ゲームといった、いわゆるサブカルチャーも大きな影響を与えている。漫画『みどりのマキバオー』やテレビゲーム「ダービースタリオン」「ウイニングポスト」など、世代によって注目を浴びたタイトルはさまざまだが、これらをきっかけに競馬の世界へと足を踏み入れた人たちは多いのではないだろうか。

そして最近では、なんと言っても「ウマ娘 プリティーダービー」が、競馬界に大きな影響を与えている。同作は実在の競走馬をモデルに擬人化したキャラクター「ウマ娘」がレースで競い合う世界を描いた、メディアミックスプロジェクトである。2018年にテレビアニメが放送され、2021年には第2期、2023年には第3期が放送されたほか、2024年には映画作品にもなっている。

そして、「ウマ娘」たちを育成するシミュレーションゲームが2021年に登場。スマホアプリリリース初年度の売上は約1096億円で、2024年1月に2000万ダウンロードを突破した。アジア市場にも進出し、総売上が3790億円（2024年5月時点）にのぼるなど、大ヒットを記録している。

また、本作の運営会社であるCygamesの親会社サイバーエージェントの代表・藤田《ふじた》晋《すすむ》氏は、同コンテンツのヒットを受けて、「競馬界に還元したい」との思いから、2021年より馬主活動を開始。同年の日本競走馬協会のセレクトセールでは計18頭のサラブレッドを23億6200万円で競り落として注目を浴びた。2022年には所有馬であるジャングロがニュージーランドトロフィー（GⅡ）で優勝し、馬主として初の重賞制覇を遂げると、2024年にはフォーエバーヤングが海外レースであるサウジダービー（GⅢ）、UAE

ダービー（GⅡ）を立て続けに勝利し、さらにはアメリカのケンタッキーダービー（GⅠ）やブリーダーズカップクラシック（GⅠ）で3着となるなど、活躍を見せている。

「ウマ娘」が競馬業界に与えた影響は、特に若年層のファンの増加に見ることができる。マーケティングリサーチエンジン「Dockpit」の分析によると、20代の競馬関連のキーワード検索数が、２０２１年3月には前月から明らかな上昇を見せた（「ウマ娘」のゲームリリースは２０２１年2月24日）。ＪＲＡ公式サイトでも20代のアクセスが急増している（図1―1、図1―2）。

ＪＲＡは若い世代を取り込むためにさまざまなプロモーションを行なっており、全てが「ウマ娘」の影響とは断言できないものの、「ウマ娘」から実際の競馬への流入は相当なものだ。

ちなみに、映画「今日もどこかで馬は生まれる」にもその影響は及んでいる。同作はAmazon Prime Videoで配信中だが、アニメ「ウマ娘 プリティーダービー シーズン２」のページに「この作品を観た人はこんな作品も観ています」と、「今日もどこかで馬は生まれる」が紹介され、ＰＶ数が大きく伸びた。

正直なところ、私は「ウマ娘」が苦手だ。アニメも観てみたし、アプリをダウンロード

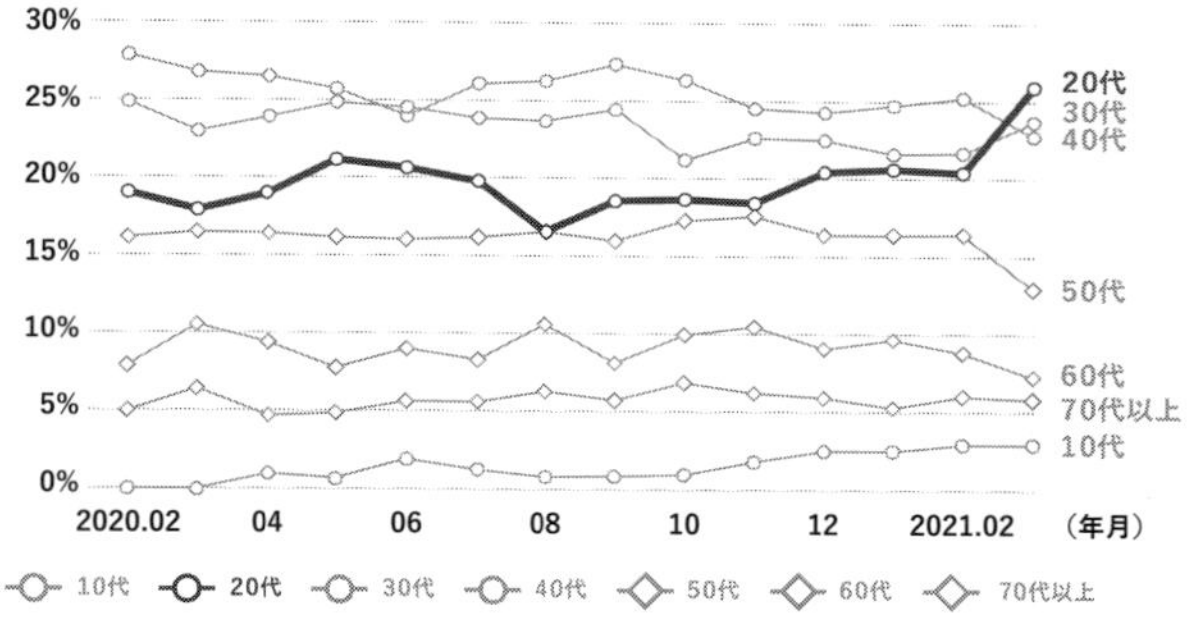

図1–1　世代別の競馬関連キーワード検索者割合の推移

（まなべるみんなのデータマーケティング・マガジン「マナミナ」をもとに作成）

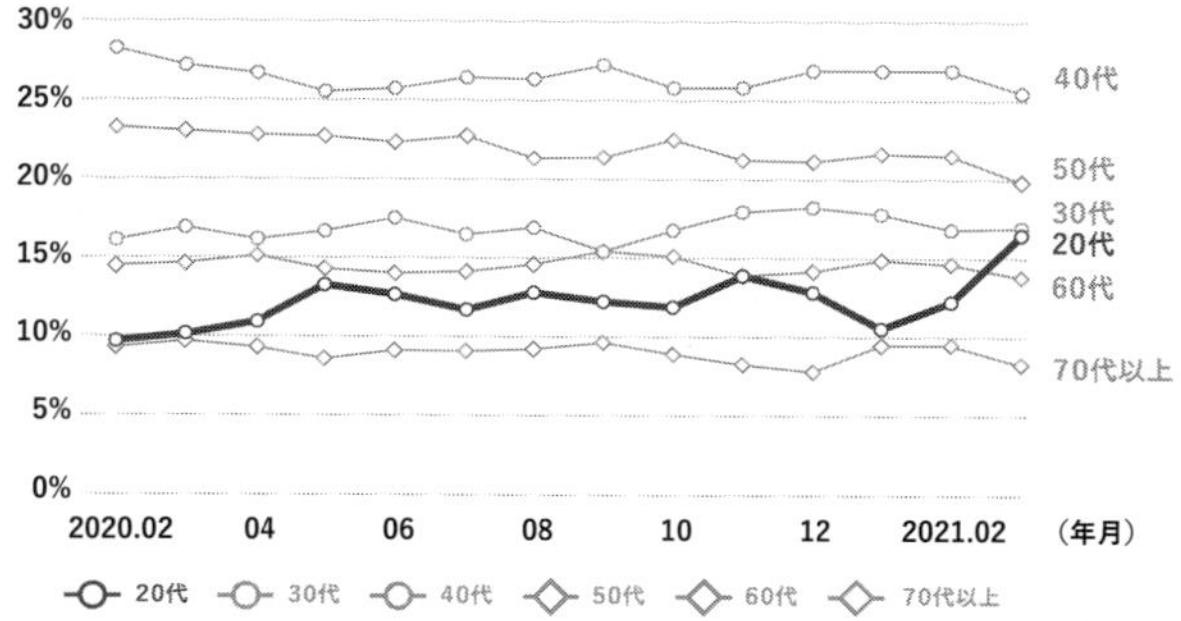

図1–2　JRA公式サイトの世代別訪問者割合の推移

（まなべるみんなのデータマーケティング・マガジン「マナミナ」をもとに作成）

して少しだけゲームをプレイもしてみたが、昔から知っている馬たちが美少女になっている世界観に、どうしてもついていけなかった。しかし、その存在には心から感謝している。映画への影響はもちろんのこと、全く競馬に興味がなかった若手の男性社員がゲームをやり込んでおり、推しのキャラを通して実在馬を調べる過程で競馬への興味や知識を持つようになって、それが仕事にも活かされている。本当に「ウマ娘」様々である。

大きく変わった経済規模

ここまで、日本競馬に強い追い風を吹かせてきた競馬ブームの歴史を振り返ってきたが、いったいそれによってどれくらい経済規模が変化したのだろうか。

元祖アイドルホース・ハイセイコーが中央競馬に移籍し、皐月賞を制したのは1973年。この年の中央競馬の売得金額は約6605億円で、前年比133・5%を記録した。オグリキャップの時も同じく、移籍前の1987年と引退年の1990年を比較すると、約1兆9731億円から約3兆9844億円と倍増し（図1―3）、競馬場への来場者数も約792万人から約1068万人に増加した。彼らが起こした大きなムーヴメントは、競馬振興に一役も二役も買っていることが見てとれる。

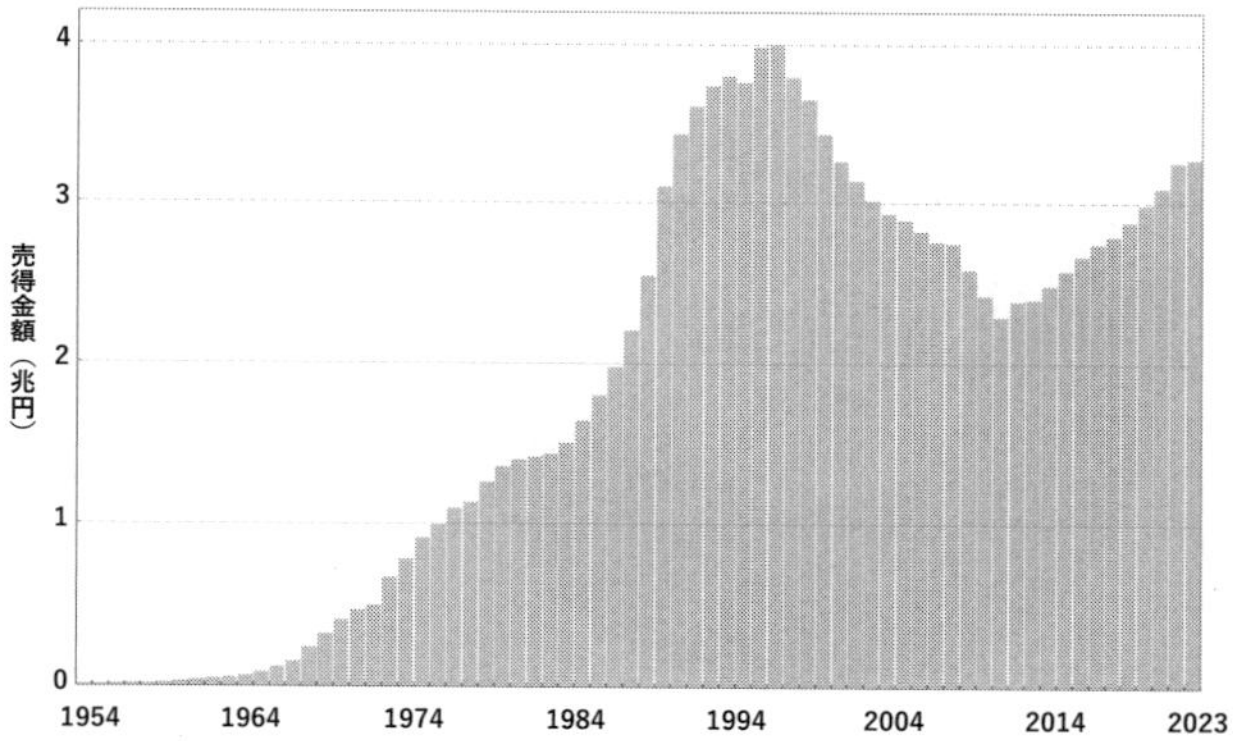

図1–3　1954年から2023年までの中央競馬の売得金額推移
（JRAホームページをもとに作成）

その後、97年の4兆6億円をピークに、90年代においてほぼ右肩上がりでＪＲＡの売得金額は増加し、その後２０００年代に入ると売上は落ちたものの、２０２０年に再び3兆円を突破し、現在は〝オグリブーム〟の頃と同水準の売上規模となっている。

これには２００５年の競馬法改正によって馬券発売の民間委託化が進み、馬券のネット発売が解禁されたことも大きい。これまで競馬場や場外馬券場でしか購入できなかった馬券が、どこでも購入できる環境が生まれたことは、競馬振興の大きな追い風となった。

また、新型コロナウイルスの流行によっ

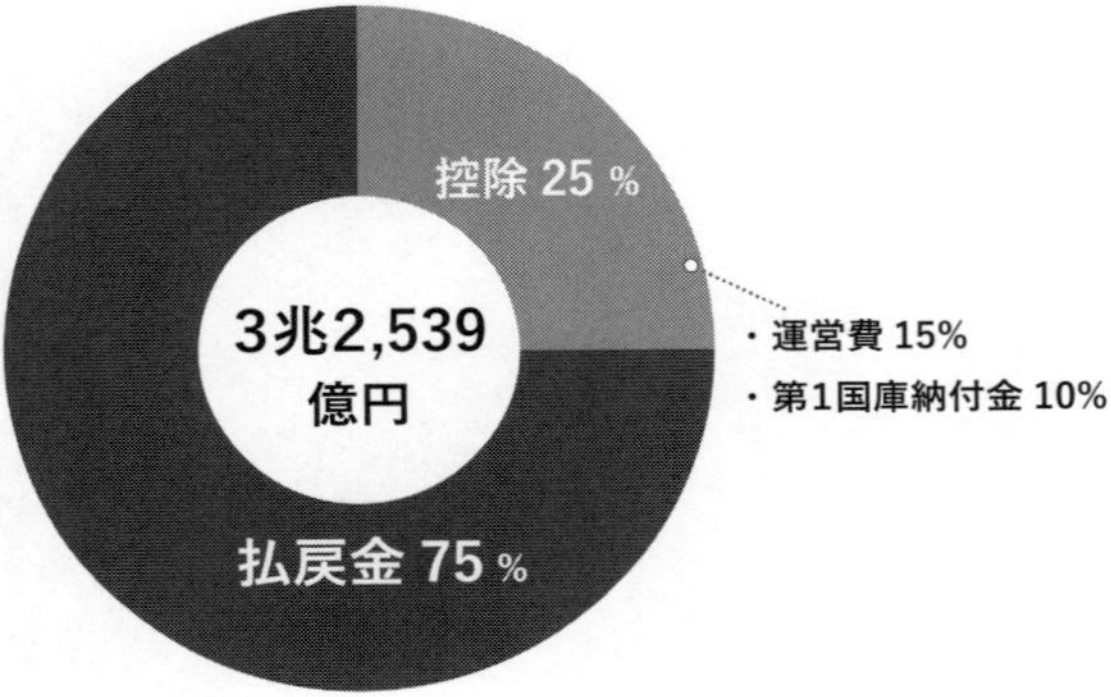

図1–4　中央競馬売得金の使途（2023年度）
出典：JRAホームページ

て各競馬場の来場は規制され入場者数は激減したものの、馬券の売上は増加している。特に中央競馬と比べてどうしても売上が見劣りする地方競馬では、馬券のネット発売の恩恵がいかに多大なものであったかを見ることができる。コロナ禍の２０２０年と前年とを比較して、売上の落ちた地方競馬場はなかった。

「国や地方自治体の収入」としての馬券の売上

さて、このように売上を伸ばし続ける日本競馬だが、その売上は私たちの生活を支えていることをご存じだろうか。実は競馬への興味のあるなしにかかわらず、日本に住む私たちは多かれ少なかれその恩恵を受けている。

ＪＲＡでは馬券売上のうち75％を払戻金に充

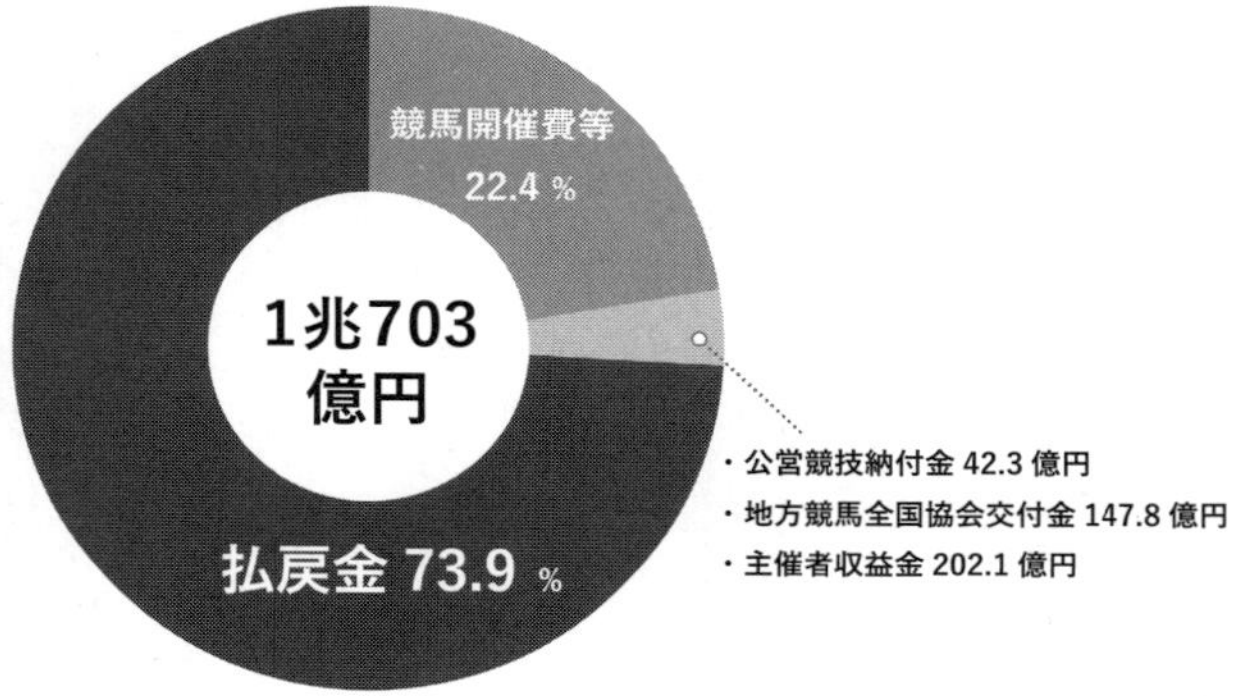

図1–5　地方競馬売得金の使途（2022年度）
出典：地方競馬情報サイト「KEIBA.GO.JP」

て、残りの25％を控除している。そのうち15％が運営費へ、そして残りの10％が国庫に納付される（図1―4）。これが「第1国庫納付金」と呼ばれるものだ。それとは別に、各事業年度で生まれた利益の50％を「第2国庫納付金」として納めている。これらの国庫納付金は、国の一般財源に繰り入れられ、畜産振興や社会福祉の分野に活用されている。つまり、馬券の売上は国の貴重な収入として利用されているのである。

地方競馬も同様だ。国が資本金を支出する中央競馬と違い、地方競馬はその土地の自治体が運営を行なっているが、その売得金から拠出される「主催者収益金」は、２０２２年度で約２０２・１億円（図1―5）。それらの収益金は地域の教育・文化の発展や社会福祉の増進、医療の普及やスポーツ振興、公共施設の整備などに利用されている。

私事だが、つい最近まで私は世田谷区用賀にある、ＪＲＡが馬事普及の拠点として運営する馬事公苑《ばじこうえん》の近くに住んでいた。馬事公苑は誰でも無料で入場できる公園で、休日は家族連れで賑《にぎ》わっている。競馬ファンたちが託した夢はこんなところにも還元されている、とも言える。

一般人である私たちにとって、競馬とは競馬場で競走馬たちが白熱のレースを繰り広げ、それに熱狂する「興行」「レジャー」「スポーツ」であり、その熱狂が異常なまでに高まった時、〝社会的ブーム〟が巻き起こる。いつも私たちを高揚させてくれる存在が競馬であり、ここにその価値が集約されている。

しかし、売上の中から大きな金額が国庫や自治体に納付されて、畜産振興や社会福祉に役立てられているという、競馬のもう一つの側面も無視することはできない。言い換えるならば、競馬が安定的に興行を継続し、これほどまでに巨大産業化できたのは、こうした国や自治体への貢献が大きいからだと言えるだろう。

次章からは、そんな競馬産業の中で生まれ育ち、競走馬となり、〝その後〟を迎える馬の一生にフォーカスをする形で、日本競馬に対しての考察を深めていきたい。

第2章

馬はいかに「競走馬」になるか

誕生からデビューまでの裏側

サラブレッドの一生を追って

ここからは競走馬の一生を軸に据えて、人と馬の関係性を綴っていきたい。

本書のテーマである「引退馬」とは、文字通り引退した競走馬のことを指している。当然ながら、引退の前には現役がある。そして現役の前には種付け（交配）から出産、そしてデビューに向けたさまざまなトレーニングを行なう期間がある。

競走馬とは、競馬産業の中で生み出された経済動物である。常に競走馬は人と共に在る。馬の一生は、競馬という晴れ舞台で輝くことをゴールとし、そこから逆算してスケジュールが組み立てられ、「ホースマン」と呼ばれる競馬業界のプロたちと二人三脚で築かれていくのだ。

言わずもがな、競走馬としての使命は競馬での活躍であり、その成果の度合いが競走引退後の進路に影響を及ぼす。だからこそ、競走馬として現役を引退した後だけにフォーカスするのでは、引退馬問題の本質には迫れない。

そこでまずこの章では、馬の誕生から競馬デビューまでの期間を掘り下げて紹介していきたい。

現在の日本の競馬で走る馬は「サラブレッド」と呼ばれる品種だ（ばんえい競馬を除く）。

スピードを生み出す長い体幹に加え、長く緩やかに傾斜した肩と発達した後肢《こうし》が、サラブレッドならではの特徴である。また、他の品種に比べて繊細で多感な気性を持ち、慣れないものや音に敏感に反応することもある。サラブレッドは、競馬で走らせるために人の手によって交配され続けてきた品種だ。

「はじめに」でも述べたように、競馬は「血統のスポーツ」と呼ばれ、優れた競走成績を残した馬や、近親に活躍馬を持つ「良血」と呼ばれる馬が引退後に繁殖馬として評価を得る傾向にある。それらの優秀な馬同士を交配することで競走馬としての価値が生まれる、という構図だ。

農林水産省畜産局の競馬監督課によると、2022年時点で日本国内には254頭の種牡馬と1万515頭の繁殖牝馬《ひんば》が登録されているという。ご覧の通り、圧倒的に種牡馬の方が少ない。数字が示すように、牡馬（オス馬）は繁殖入りするのが難しく、中央競馬の最高グレードであるGⅠレースを勝利しても、十分な繁殖価値が見出されずに種牡馬入りできないケースすらある。一方で牝馬（メス馬）は、現役引退後に繁殖入りするケースが多い。したがって、繁殖牝馬の所有者が、どの種牡馬を種付けするかを見定め、繁殖牝馬を繋養《けいよう》する牧場が種牡馬を繋養する種馬場《たねばば》と交渉し、種付けを行なうのが通例となっている。

競馬において、どの繁殖牝馬にどの種牡馬を種付けするかの選択は極めて重要で、生まれた馬の一生を左右すると言えるだろう。

種牡馬選びの3つのポイント

さて、その種牡馬選びはどのように行なわれるのだろうか。

北海道新冠《にいかっぷ》町にある新冠橋本牧場の橋本英之《はしもとひでゆき》さんによると、種牡馬選びには大きく3つのポイントがあるという。

まず一つ目は、種牡馬と繁殖牝馬の「血統的な相性」だという。

橋本さんは次のように語る。

「繁殖牝馬に合わせた配合が第一です。この繁殖牝馬にはこういう血が入っている種牡馬との相性が良さそうだとか、兄姉はこの種牡馬との配合で活躍馬が出ているし、似たような血統構成の種牡馬を試してみよう、とかですね」

例えば、2011年のJRA賞年度代表馬で、クラシック三冠などGIレースで6勝を挙げたオルフェーヴルをはじめ、2009年の有馬記念を含むGIで3勝を挙げたドリームジャーニー、2013年、2014年の宝塚記念を連覇するなどGIで6勝を挙げたゴールドシップといった歴史的名馬たちは、全て「父：ステイゴールド／母父：メジロマックイーン」という血統の馬たちだ。そのインパクトがあまりにも強烈だったため、すでに繁殖を引退し、乗馬クラブで余生を過ごしていたメジロマックイーンを父に持つ牝馬が、牧場から買い戻されて繁殖に復帰したという話を耳にしたこともある。

次に挙げられるのが、実際に生まれてきた仔馬の「身体的特徴」だそうだ。

「血統や競走成績だけではなく、生まれてくる仔馬を見て選んでいます。想像しやすい例で言うと、『この繁殖牝馬の子どもは毎年小さいな』という場合は、大きめの種牡馬を試してみるといったことです。あとは動きの硬い繁殖牝馬に、しなやかで柔らかい動きが特徴の種牡馬を付けてみるのも王道でしょうか」

しかし、種牡馬登録初年度の馬（新種牡馬）には産駒《さんく》（仔）がいないため、その傾向を確認できない。その場合は、種牡馬自体を観察して判断することもある。

「種付けシーズン前に各種馬場で種牡馬展示会が開催されます。そこで、『この馬はいい馬体をしているな』とか、『この馬、いい動きをしているな』と目に留まる種牡馬がいれば、（種付けをする）候補に入れることもあります。『あの繁殖に付けてみたいな』というように、繁殖牝馬とセットで考えていますね」

そして最後に挙げられるのは、ずばり「トレンド」だ。

「基本的に、生まれた馬を売らなければなりません。売るには、購入を検討する人々から興味を持たれる必要があります。目を引くには、買い手にも〝刺さる〟種牡馬である点が重要です。そのため競馬界のトレンドも十分に意識しています」

市場で売れる馬が優秀な競走馬になるとは限らないが、どうあれ現代の競馬界で、その血統の活躍馬がいるかどうかがサラブレッドの市場価値を左右することは言うまでもない。

生まれる時から命懸け

また、評価の高い種牡馬との種付けを希望したとしても、必ずしもその配合が叶うわけではないと、前述の橋本さんは語る。

「種牡馬は最大でも1日3回しか種付けできないんです（注：各種馬場による）。同じ日に4〜5件の予約が来てしまうと、相手から断られてしまうこともあります」

そもそも種付けは繁殖牝馬が発情を迎え、排卵する少し前に行なわなければならないため、種牡馬のスケジュールが空いているかもポイントだ。

「正直、全てを希望通りに付けられたことはないですね。今年も3割くらいは間違いなく第一候補から変えています」

種付けの手配をするだけでも一苦労なのだ。

さらに、無事に種付けできたとしても、そこは生き物の世界。必ず受胎するわけではない。受胎しなかった場合は、種付けシーズン中であれば再度種付けの手配を行なうこともあるし、その1年は空胎として「お休み」して、来シーズンに期待することもある。ちなみにここで言う種付けシーズンとは2月～7月を指し、仔馬が生まれる時期は2月～5月が多い。

生まれてくる仔馬は体重が40～50kgほど、体高が1mほどだ。もちろんこれは「無事に生まれた馬」であり、母馬のお腹の中で流産することや、お産中の事故で死産になること、仔馬のみならず母馬までも亡くなってしまうこともあり、馬の出産はまさに命懸けだ（後に詳しく触れたい）。

また、生まれてきた仔馬の身体に、競走能力に重大な支障をきたす要素があると判断された場合、競走馬としての一生はそこで終わってしまう。

日本軽種馬協会の『２０２３軽種馬統計』によると、毎年競走馬登録される馬の頭数は、その年の生産頭数から10％ほど少ない。つまり生産された馬の約10％が、何らかの理由で競走馬への道を断たれていることがわかる。

北海道洞爺湖《とうやこ》町にある競走馬生産牧場・レイクヴィラファームの岩崎義久《いわさきよしひさ》さんは、その背景を次のように話す。

「先天的疾患によって命を保つことができないケースもありますし、免疫力の弱い当歳（0歳）はいろいろな疾患にかかりやすく、それで命を落とすことも珍しくありません。よくあるのは腰フラ（腰萎《ようい》。後軀《こうく》の運動失調）といわれる成長疾患です。この症状で廃用になる馬が結構いて、うちの例だと多い年には全体の5％ほど出ます」

この他にも白内障《はくないしょう》によって視力を失ってしまったり、放牧やトレーニング中のケガによって競走馬への道を絶たれてしまうこともある。

人との関係を築く第一ステップ

このように、五体満足で成長し、競走馬になるための身体的基準をクリアするだけでも大変なことなのだが、それと同じくらい重要なことに「馬の内面的要素」がある。

当然のことだが、馬は成長とともに勝手に人を乗せるようになるのではない。人の手で生み出されたとはいえ、背中に人を乗せて走ることは先天的に備わっている行動ではなく、後天的に培われるものに他ならないからだ。そのために行なわれるのが「初期・中期育成」である。

「生まれたての馬は本当に何もわからない状態で、身体すら触らせないんですよ。なので、最初は本当に嫌がるんですが、毎日優しく丁寧に触って、『人が触っても怖くないよ』と、まず教えてあげることから始めます」

橋本さんはそう語る。

人を乗せ、さらには乗り手の指示に従った走りができるようになるまでには、牧場で働く方々のたゆまぬ努力が介在している。

「例えば、最終的な目標が10だとします。昨日2まで進んだから、今日は3にチャレンジしようと思っても、馬が嫌がってなかなか進まないのであれば、その日は2で終わってておくのも一つの選択肢です。そこで無理矢理やってしまうと、また1や0に戻ってしまうこともあるんですよ。だから、『昨日よりも悪くなっていなければOK』くらいのスタンスでやっています」

人に身体を触られることに慣れた後は、「無口頭絡《むくちとうらく》」と呼ばれる、馬の頭部に付ける道具と、「曳手《ひきて》」と呼ばれるリードを装着し、曳手を持つ人と共に歩く訓練をする。その他に

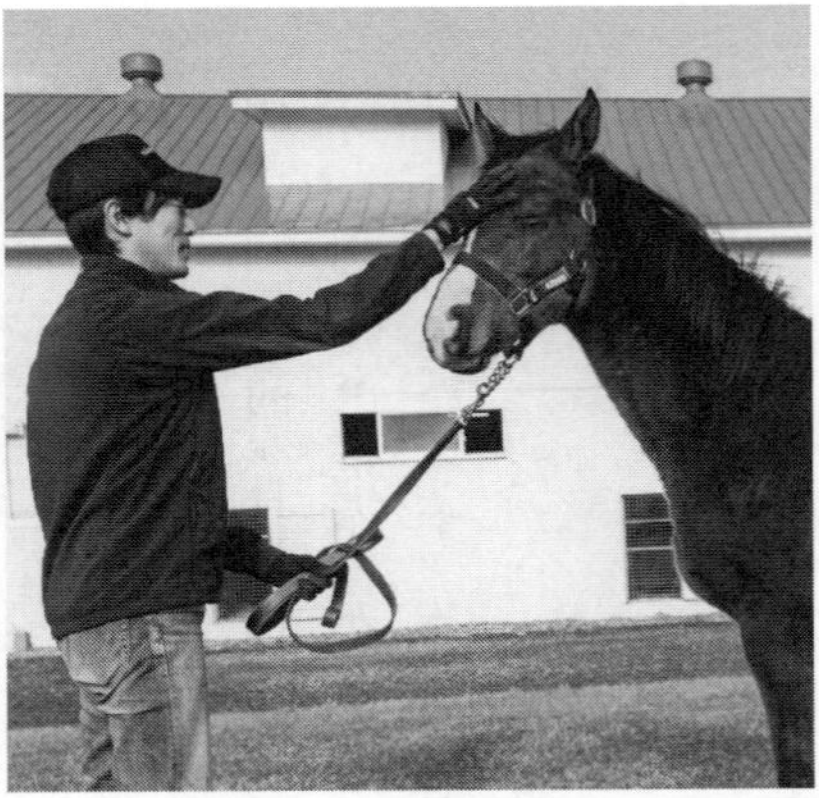

馬の頭部に付ける「無口頭絡」と、リードである「曳手」(写真提供:橋本牧場)

も、伸びた爪を切る「削蹄《さくてい》」は、馬が生きていくうえで欠かせないため、仔馬のうちから慣れてもらわなければならない。

また、人との関係が構築されていない状態では、人にとっても馬にとっても危険になる場合があるという。

「あまりに関係が対等だと、逆に向こうが強く出てきてしまう場合もあります。人を見下す……ではないですけど、こちらに対して上から出てきた時は、(馬は)身体も大きく力も強いので、人間にとって危険です。ですから、やや人間の方が立場としては上なんだという関係性になるよう心がけています」

こうした地道な努力によって、人と馬の関係は少しずつ、しかし着実に築かれていく。人に触れられることを受け入れた馬は、鞍《くら》を付け、人が背中に乗る訓練へと移行していく。新冠橋本牧場では、これ以降の訓練は行なっていないそうだ。

人を乗せ、指示を聞くための訓練

ここからは、北海道沙流《さる》郡日高町にある生産・育成牧場、下河辺《しもこうべ》牧場の下河辺《しもこうべ》隆行《たかゆき》さんの話をもとに、「後期育成」について紹介したい。

初期・中期育成では、人に慣れさせる訓練と体力づくりが中心だったが、まだ人を乗せるまでに至っていなかった。しかし競走馬としてデビューするためには、人を乗せたうえで事細かに人の指示を聞けるようになる必要がある。

では、そのためにどのような訓練をするのだろうか。

下河辺さんによると、初期・中期育成を終えて人に触れられることに慣れた馬は、後期育成へとステップアップする。まずは「ハミ受け馴致《じゅんち》」からスタートし、「ロンジング」「ドライビング」「騎乗馴致」を経て、本格的な調教へと進むという。順に紹介していこう。

はじめに、騎乗者からの指示を受け取る役割を担う「ハミ（馬を制御するために口に噛ませる金具）」を付けるのが「ハミ馴致」だ。後期育成では「枝バミ」と呼ばれるものから始める。これは馬の口角に当たる部分に棒状のものが付いているハミで、左右それぞれの棒が

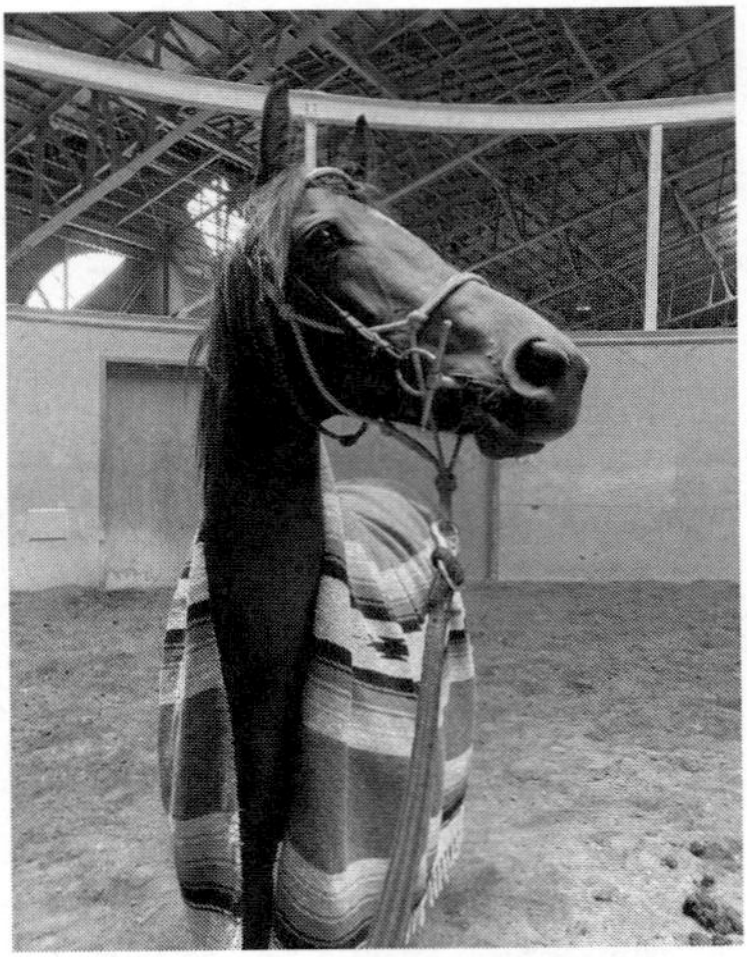

枝バミを付けたデビュー前の馬。口元の輪がハミ環（写真提供：下河辺牧場）

ストッパーの役割を果たし、ハミ環《かん》が口に入ったり、口を割った時にハミが抜けてしまうことを防いでくれるものである。

それともう一つ、ハミ以外に慣れてもらわなければならないものがある。それがタオルだ。

意外に思われるかもしれないが、馬は本来、ヒラヒラしたもので触られることを嫌う。だが、競走馬として生きていくうえで、レース中はもちろんのこと、手入れの時も含め、体に布が触れる機会が多い。そこで、馬が触られることを嫌う場所（尻、腹、背中など）にパタパタとタオルを叩きつけて慣れなせる。これは、次のステップであるロンジングの際に用いる「調馬索《ちょうばさく》（長い曳手）」が腹などに触れることや、背に鞍などが乗ることをスムーズに受け入れられるようにしたり、人のアクションに対して「怖くないんだ」「害はないんだ」と信頼してもらうために行なうものだ。

また、鞍を装着する時に使う「腹帯《はらおび》」と呼ばれるベルト状の装備も、人を乗せるうえで不可欠なため、いきなりきつく締めず、緩やかに装着して慣れさせるようだ。

続いて「ロンジング」と呼ばれるトレーニングに入る。これはロンギ場という高い壁に囲まれた円状の馬場で、人の発する声によって〝進む〟、〝止まる〟など、馬が人の指示通りに動けるようになるための訓練のことだ。

さらに次の段階として、先にも触れた調馬索を付け、馬の背後に回った人が馬に右、左、前進、後退といった指示を出し、より細かく指示を聞けるよう訓練される。業界ではこのトレーニングを「ドライビング」と呼ぶ。

このように、まずは人を乗せるために必要な装備や行動に慣れさせるところから、後期育成は始まる。

走れるようになるための「騎乗馴致」

ここまでをクリアしてはじめて、馬はようやく人を乗せる段階へと入る。「騎乗馴致」だ。

「昨日まで放牧して遊んでいた馬たちが、急に人を乗せられるわけで、それまでは背中に

坂路調教の様子（写真提供：下河辺牧場）

重さを感じたことがないわけです。ですからまずは、馬房で人が腹ばいになって乗ったりして、様子を見ながら跨っていく形になります」

腹ばいで乗る前には鞍に人が触れたり、馬の横でジャンプをするなどして、いきなり飛びついて驚かないように、馬を慣らしておくことも大切だ。細かく段階を踏みながら、騎乗するうえで必要な動作をシミュレーションして、馬房内で跨って問題がなければロンギ場へと移動する。ここでは、時速6キロほどでゆっくりと歩行させる常歩《なみあし》から、徐々に速度を上げ、速歩《はやあし》、駈歩《かけあし》、そして停止といった、人間の指示に従って速度をコントロールできるようになる騎乗馴致を行なう。そして、実際の競馬場に倣《なら》って、左回り、右回りでも同様の訓練を繰り返していく。

下河辺牧場では大体2週間ほどで、ロンギ場での訓練から騎乗馴致までの行程が行なわれる。

「一番大変なのは怖がりな子で、馬によっては2ヶ月かかる子もいます。でもそこで焦ってしまうと今度は病んでしまうかもしれませんので、決して無理はさせずに、同じことを繰り返させながら、少しずつ進めていくんです。一度に長い時間訓練を行なう必要はないので、『腹帯ができたらOK！』『鞍付けができたらOK！』という感じで、短いゴールを決めて行なっていますね」

競馬で活躍するために交配を重ねて生まれたサラブレッド。競走に特化した先天的能力を持っているとはいえ、人を乗せてその指示に従うことまで最初からできるわけではないため、ホースマンたちがあの手この手で工夫を凝らして、人を乗せて走れるようになっていくのだ。

さて、ここから先は、いよいよ私たちがよく知る競走馬に一段と近づいた姿が見られるようになる。下河辺牧場ではロンギ場のほかに、屋内馬場や外馬場、坂路《はんろ》コースなどを有しているため、競走デビュー後に預けられるJRAのトレーニングセンターに近い環境で訓練を積むことができる。

「体力づくりに関しては圧倒的に坂路が有利だと思っていて、初めはスクーリングという場慣らしから始め、徐々にタイムを上げていきます。外馬場は、しっかりとしたフォームで走れるように訓練するところで、長い距離も走れるので使い分けています」

この辺りは、各牧場で独自のノウハウやメソッドが存在するところだろう。

人馬の努力の賜物

馬にもよるが、下河辺牧場の1歳馬たちは、夏に差しかかる頃からこの調教フェーズへと入り、実践的な訓練を積んでいく。

「馬にもよりますが、11月〜12月くらいに1ハロン（約200メートル）18秒程度に到達するのが一般的ではないかと思います。よく言われる『15-15できる体力が付いた』『15-15やっても息遣いがよくなった』というのは、年が明けてからの話ですね」

ここで言う「15-15」とは、1ハロンを15秒のペースで数ハロンを走った、という意味だ。

「何本こなすかは牧場さんによりますが、うちは『15-15』で1ヶ月ほど乗り込みます。その頃には体力もついてきているので、あとは息遣いや走行フォームを総合的に判断して、トレーニングセンターへ送り出します。『15－15』は、その一つのラインですね」

ここまでの行程をクリアした馬は、競走馬へと大きく近づく。

生まれて約半年で離乳を迎え、人の手が触れること、人に曳かれて歩くことを覚える。その後は、人を乗せるために必要な装備と行動に慣れ、満を持して人が跨り、馬は競走馬へと姿を変えていく。

こうした過程と成果はまさに、人と馬が積み重ねてきた努力の賜物《たまもの》だ。

「馬は〝察する〟動物です。人がイライラしていると馬にもそれが伝わってしまいますし、構えずにナチュラルに接しないと馬は拒否してしまいます。環境の変化も含めて、変なストレスを与えず、すんなり受け入れられるように馬との関係を築いていくことが、馴致を行なううえで、ひいては馬に携わるうえで最も大切なことです」

という下河辺さんの言葉が腑に落ちる。

私を含めた競馬ファンは、「人を乗せて走る馬」しか知らない。しかし、生まれながらに人を乗せ、指示に従いゴールを目指して競走できる馬はいない。人が馬の体に触れることさえも、一朝一夕で成し遂げられることではないのだ。人の手によって生み出された馬は、また人の手によって教育されていく。そして競馬という晴れ舞台で活躍する可能性を高める努力が施され、ようやくデビューを迎えるのだ。

次章ではいよいよ、サラブレッドが生まれ育った地を離れて競走馬デビューをし、どのような現役生活を過ごすのかを紹介していきたい。

第3章

生き残りを懸けて

サラブレッドの現役生活

デビューまでの道のり

競走馬になるためのいくつもの試練を乗り越えて、身体的にも精神的にも成長し、サラブレッドたちは競走馬登録にたどり着く。しかしここでも次なる壁が待ち構えている。

地方競馬であれば、それは「能力試験（能力検査）」である。これは全国に15場ある地方競馬で導入されている調教試験のことで、主催者が定めた距離で、複数頭でゲートからゴールまで基準タイムを設けて走る模擬レースのようなものだ。基準タイムをクリアしたからといって合格できるとは限らず、発馬（スタート）や道中での走行内容など、調教が十分であるかどうかも審査され、発馬の遅れや逸走、騎手の制御に従わず加速や減速を行なった場合には不合格となる場合がある。不合格となった場合は、再び同じ内容の能力試験を受け、合格を目指すこととなる。

一方、中央競馬では「ゲート試験」と呼ばれる発走調教審査は行なわれるものの、地方競馬のような能力試験は存在しない。ゲート試験では枠入りから静止状態で立つ「駐立《ちゅうりつ》」、そして発馬までを二度行ない、馬に気合が乗った状態でも再度スムーズにゲートへ入ることができるかどうかが見られる。無事ゲート試験を合格した馬のみ、出走登録が可能になる（こちらも不合格の場合は再度試験を受ける）。

そうして晴れてレースに出走する権利を得た馬は、デビュー戦へと向かう。中央競馬で最も早いデビュー戦は、5月（6月）にある日本ダービーの開催翌週の土曜日に行なわれる2歳新馬戦だ。ここから競走馬たちは初勝利を目指していく。言わずもがな、現役競走馬の仕事はレースで勝利すること、賞金を獲得することだ。その現場を見てみよう。

「1勝」を懸けた熾烈な戦い

中央競馬のレースは勝ち鞍（勝利数）や獲得賞金によってクラス分けがされており、上位クラスには挑戦できるが下位クラスで走ることはできない仕組みになっている。

多くの競馬ファンが知っている通り、サラブレッドにとって最初にして最大の関門なのが「未勝利戦」だ。無事にデビューを迎えても、未勝利戦を勝ち上がり次のクラスに進める競走馬は多いとは言えない。例えば、2023年には5158頭の馬が競走馬登録されている。同馬たちが出走できる新馬戦と未勝利戦の合計がこの世代の勝利総数と定義するとすれば、その数は1465で、競走馬登録数のおよそ28・4％に留まる。新馬戦から約1年3ヶ月後、8月最終週から9月第1週目に開催される夏競馬の最終週が、3歳未勝利戦のラストレースだ。つまり、中央競馬の競走馬としてキャリアを重ねるには、熾烈《しれつ》な競走のもと、2歳の夏から3歳の夏までに少なくとも1勝を挙げなければならないのだ。それまでに1勝を挙げられなかった馬の多くは、早くも現役引退の可能性が浮上する。

ここで改めて、競走馬が引退となる、いくつかの理由を紹介したい。

一つ目は、ケガや病気が原因で競走を続けられなくなった場合。二つ目は成績不振となり、馬主の判断で引退する場合。そして三つ目が、1勝も挙げられなかった場合だ。

なお中央競馬に所属する競走馬で、3歳夏までに1勝を挙げられなかった馬の場合でも、現役引退以外の選択肢はいくつか存在する。一つは、中央競馬所属のまま格上クラスである1勝クラスへの挑戦、そしてもう一つは地方競馬への移籍だ。ただし格上挑戦で勝ち上がれる馬はごくわずかであることから、地方競馬への移籍か現役引退が選ばれることが多い。

サラブレッドのケガと病気

競走成績が振るわず引退するケースの話をする前に、能力に関係なくどんな競走馬にも起こりうる「ケガや病気での引退」について触れておきたい。

競走馬は「アスリート」であり、アスリートにとってケガはつきものだ。調教やレース中に起こるケガとして主だったものには、骨が持つ強度以上の力が加わったために骨にひびが入ったり、折れたり砕けたりする「骨折」。屈腱《くっけん》にかかる負荷によって起きる「屈腱炎」と呼ばれる炎症、骨の形成が進んでいない若馬に過度な負荷をかけることで、管骨《かんこつ》（第3中手骨）の前面に炎症を起こす「骨膜炎」などがある。

有名な例を挙げよう。GⅠ4勝を挙げ、1991年の年度代表馬にも輝いたトウカイテイオーは、1991年の日本ダービーを優勝した後に左後脚の骨折が判明し、長期の休養を余儀なくされた。その後約1年ぶりに復帰した産経大阪杯で優勝したものの、続く天皇賞・春のレース後に左前脚の剝離《はくり》骨折が発覚。その後復帰して11月のジャパンカップを制するも、翌月の有馬記念で大敗し、再度休養。翌年6月の宝塚記念での復帰に向けて調整を進めていたが、1週間前の調教で三度目の骨折が発覚した。それでも現役の続行が模索され、約1年ぶりの実戦となった同年12月の有馬記念で見事優勝し、奇跡の復活を遂げたことは、競馬ファンの間で今なお語り草となっている。

こうした復活を遂げる馬が稀《まれ》にいる一方で、療養期間に入るも、復帰が叶わず競走引退を余儀なくされる馬は少なくない。また回復の見込みがない、あるいは回復しても競走能力に影響が残る場合には、そのまま競走馬登録が抹消される（つまり引退する）場合や、安楽死処置が取られるケースもある。

サラブレッドは470～500kgほどの体重があり、それをあの、か細い四肢で支えている。例えばそのうちの1本が折れたとしよう。その1本に治療を施したとしても、回復するまでは三肢で身体を支えなければならない。そうなると健康な脚にも過度な負荷がかかり、その蹄《ひづめ》に蹄葉炎《ていようえん》と呼ばれる炎症が起こることがある。これは症状が進行すると最悪の場合、蹄が壊死《えし》し、脱蹄《だってい》（蹄自体が抜けてしまうこと）してしまう、激しい痛みを伴う厄介なケガだ。回復の見込みよりその後のリスクが高いと判断された際に安楽死処置が取られることは、競馬の世界では珍しくない（安楽死処置の基準などは後述する）。

そして競馬ファンにとって特に辛いのは、レース中の故障や病気だろう。

例えば、GI3勝を挙げた長距離馬のライスシャワーは、ファン投票1位に選出された1995年の宝塚記念で、レース中に開放脱臼と粉砕骨折を発症し、競馬場内で安楽死処置が施された。1998年の天皇賞・秋のレース中に左前脚を粉砕骨折した稀代《きだい》の逃げ馬・サイレンススズカも、回復が極めて困難だとして、その場で安楽死処置が施されたことも悲劇として語り継がれている。また最近では、2023年の日本ダービーのレース終了直後にスキルヴィングがゴール板付近で心不全を発症し、衝撃的な最期を遂げた。

一方、回復の見込みがある場合、レースや調教でケガをした時は、まず調教師が状態を確認して、その馬を所有する馬主に処遇の判断を仰ぐことが一般的だといわれる。したがって、極めて優秀な成績を収めている馬は、繁殖馬になるという選択肢も考慮しつつ判断を下すことになる。だが、そうではない馬が故障した場合は、回復の見込みがあったとしても、復帰までにかかるコストと復帰後に見込める収入とを天秤にかけて判断せざるを得ない。またケガの他に、病気によって引退することもある。

競走馬はケガや病気と常に隣り合わせだ。

また、そもそも競走馬の約90％が、環境からくるストレスによって胃潰瘍《いかいよう》を患《わずら》っているという驚きの結果が、日本トリムと帯広《おびひろ》畜産大学臨床獣医学研究部門の共同チームの発表によって明らかになっている。以前、ＪＲＡの鈴木《すずき》伸尋《のぶひろ》調教師とお話しした際に、厩舎《きゅうしゃ》に皮膚病を発症した馬がいて、獣医師の主導で適切な治療を受けているのにもかかわらず、なかなか回復しなかったが、放牧に出すとウソのようにすぐ治ってしまったという話を聞いたこともある。

人間でもストレスは万病の元とされるが、激しいトレーニングと人による厳正な管理の下で生き、命を賭してレースで勝敗を競い合う競走馬の日常は、大きなストレスと共にあるのだろう。

管理コストと出走手当

先ほどケガをした馬について、「コストと収入とを天秤にかける」という表現をしたが、ケガや病気がなく元気に走れていたとしても、なかなか結果が出ずに馬主の判断で引退することもある。その基準はどこにあるのだろうか。

中央競馬の馬主である塩澤正樹《しおざわまさき》さんは、次のように語る。

「競走馬の管理コストは1頭あたり月約60万円で、年間約720万円です。出走手当は賞金によって違いますが、例えば3歳未勝利で1月、3月、4月に1回ずつ走るとすると、1走につき出走手当が49万5000円だから、3走で約150万円くらいです。そこで9着以下が3回続くと、〝スリーアウト〟といって2ヶ月の出走停止を食らうわけです（注：「3走成績による平地競走の出走制限」、2019年より導入）。すると、出走できるのは制限が明けた7月。1月から約6ヶ月でおよそ360万円の維持費がかかっていますから、そこから出走手当の150万円を引くと210万円。これだけマイナスになるんですよ」

レースの出走有無にかかわらず、維持費は毎月必ずかかる。入賞して賞金を稼ぐ他に着

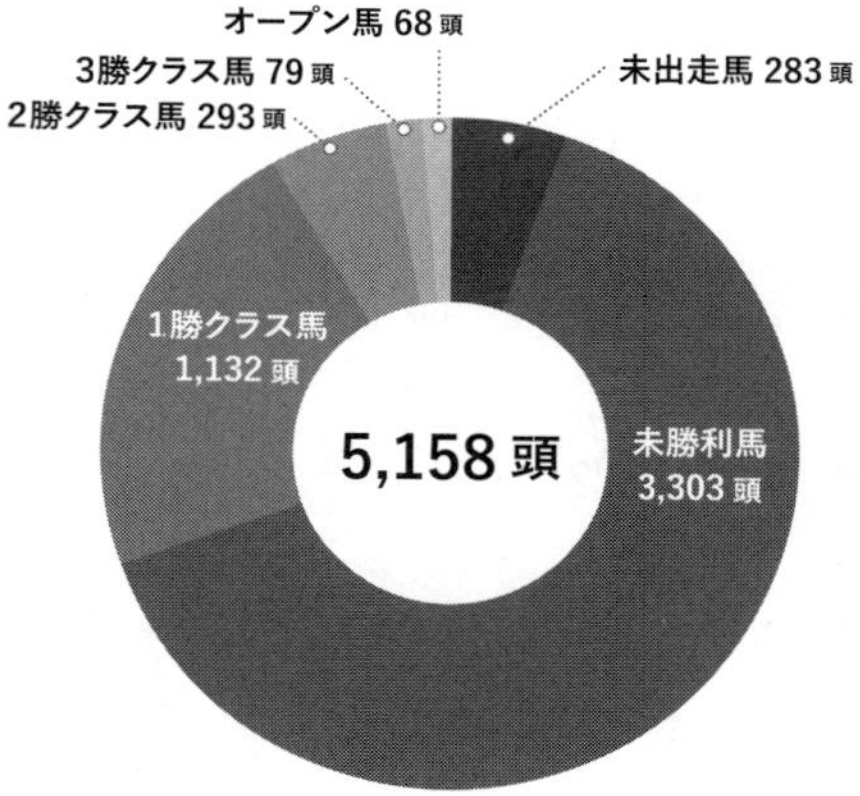

図3–1　2021年度産駒のクラス内訳
（2024年10月末時点。「JRA-VANデータラボ」をもとに作成）

順に関係なく出走手当が出るが、ランニングコストを賄うまでには至らない。

1頭の馬に対して馬主がどれだけのマイナスを許容できるかは人それぞれだが、馬の購入代金からデビューまでの維持費を支払い続けていることを考えると、割けるコストには限界がある。よって、こういったコスト要素が現役引退か否かを決める基準となる。

夏の3歳未勝利戦は、特に白熱する。先に述べた通り、ここで1着を取らなければ、条件の厳しい格上のレースへ挑戦するか、地方競馬に移籍するか、現役生活を終えるかの三択となるためだ。各馬はいつも以上にレースに貪欲《どんよく》に臨まなければならない。多額の賞金を懸けて争われるお祭り騒ぎのようなＧⅠ

レースと違い、3歳馬の夏の未勝利戦は異様な緊迫感の中、歓喜の叫びと悲嘆のため息が入り乱れている。

なお、今年の3歳馬である2021年度産駒の総数(競走登録抹消馬を含む)は5158頭。そのクラス別の内訳は**図3―1**の通りだ。

これを見ると、未出走馬と未勝利馬、すなわち1勝も挙げていない馬が、実に約68%にものぼることがわかる。多くの競馬関係者が口々に「とりあえずは1勝を」と言うのも頷《うなず》けるだろう。1勝できるかどうかでしのぎを削る馬が獲得できる賞金は数百万円程度だろうが、一方でイクイノックスのように、デビューから一度も連を外さず(注:2着までに入ること)に、GⅠレースを八度も優勝するような馬も稀有ではあるが確かに存在する。同馬の生涯獲得賞金が約22億1545万円であることを考えると、その格差は計り知れない。

競馬は、優勝劣敗の厳しい世界だ。とはいえ、実力に差があることはどんな競技にもあてはまる。勝負事であることが、競馬を競馬たらしめている。負ける馬がいるから勝つ馬がいる。その争いが熾烈で真剣なものだからこそ、レースは白熱し、ファンは時に自分の思いを重ね、勝負の明暗は物語になる。そのことは明記しておきたい。

「勝つことよりも大事なことがある」

そのように、競馬の世界では常に結果が求められる。そんな中で、「勝つことよりも大事なことがある」と語る関係者もいる。

無敗のクラシック三冠馬コントレイルの主戦騎手を務め、日本ダービーを通算3勝するなど日本を代表する騎手として活躍し、２０２３年に調教師として新たなスタートを切った福永《ふくなが》祐一《ゆういち》さんとは、何度か仕事でご一緒する機会があったが、騎手時代にとある取材にご協力いただいた際に、「故障のリスクを負ってまで勝つべきレースは一つもない」と断言していたのが印象的だった。

「2歳から3歳にかけて、多くの馬はまだ身体が完成しきっていない段階で競走馬としてのキャリアをスタートさせるわけですが、その過程で人から過度な要求をされる機会が少なからずあります。しかし、『かけてよい負荷』と『かけてはいけない負荷』の線引きをするのは、実際にレースで騎乗し、馬の息遣いを一番近くで感じている僕たち騎手にしかできません。そうした判断を調教師や馬主に伝えることで、彼らにとっての最後の防波堤の役割を果たすのが、騎手の責任の一つだと思っています。僕自身は、故障のリスクを負ってまで勝つべきレースは一つもないと考えています」

出走回数を増やし、手当を中心にランニングコストを稼ぐ方法もある。計算上は月に二度走れば、維持費は賄えるだろう。だがその運用方法では、馬にかかる負担が相当なものになるし、ケガのリスクも高まる。

「騎手としてそれなりの結果を出せるようになったから、やっとこういうことを言えるようになりました。競馬で成績が良くないと、綺麗事を言う前に結果を出せ！と言われますからね」

私は引退馬問題に関してこれまで多くの競馬関係者の声を聞いてきたが、福永さんの言葉には、ホースマンとしての並々ならぬプライドと責任感が宿っていると強く感じる。引退馬問題について「馬に関わる全ての関係者がちょっとずつ責任を分け合い、背負っていくべき」だとはっきり言っていたのが、今でも私の中に刻まれている。

また、美浦トレーニングセンターに厩舎を持つ前述の鈴木伸尋調教師は、現行のルールで競走馬を管理していくことについて、映画制作の取材時にこう語っていた。

「もうちょっとゆっくり時間をかけてあげたらこの馬はもっと良くなるんじゃないかというところで、なかなか時間をかけられない、引退させなければならない状況に陥ることがよくあるんです。割り切って仕事をしないと成績も上がらないし、馬主さんにも迷惑がかかるので、どうしても諦めなければならなくなってしまう」

このことは3歳の未勝利馬に限ったことではなく、4歳以上の古馬《こば》にも通じる話だ。サラブレッドの成長曲線はさまざまで、3歳の春に競走馬としての全盛期を迎える早熟な馬もいれば、5歳になってから才能が開花する晩成の馬もいる。しかし、ランニングコストの面で、中身ができあがっていない時期から競馬に使わざるを得ないこともあるのが現実だ。限られた期間で結果が求められる世界。馬の身体的、精神的な成長と、馬主目線での運用。この絶妙に難しいバランスの中で関係者は葛藤している。

少し脱線してしまうが、調教師である鈴木さんについてはどうしても記しておきたいことがある。

映画の制作時、私たちは各所から撮影許可を得るのに大変苦労した。センシティブなテーマであり、かつ馬事業界に繫がりを持っていなかったからだ。結果的にＪＲＡ関連施設では東京・中山・福島競馬場と美浦トレーニングセンターで撮影をさせていただいたが、これは全て鈴木さんがいたからこそ実現したことだった。

初めはＪＲＡの取材関係を統括している報道室宛に企画書をメールしたり、依頼の電話を入れたりして競馬場撮影の許可を仰いだのだが、残念ながら許諾は下りなかった。どこの馬の骨かわからない奴らが引退馬を題材にした映画の撮影のために競馬場を撮影させろと言っている……今思えば、敬遠されて当然かもしれない。

そうした中で、後述する認定NPO法人引退馬協会代表理事の沼田恭子《ぬまたきょうこ》さんから、「JRAの調教師で引退馬問題に熱心な方がいるので、もしよければご紹介します」と、鈴木さんに取り次いでいただいた。私はすぐさま鈴木厩舎に出向き、企画の説明をした。映画を作る目的や私の馬への関心のルーツなど、さまざまなことを聞かれて、その末に「協力します」と言っていただいた。後日聞いた話では、鈴木さんがJRAに対して「責任は

鈴木伸尋調教師

自分が取る」と言って、各所の撮影許可を取っていただいたという。

沼田さんと鈴木さんは、「馬のためになるなら」と、得体の知れない私たちを信じ、惜しみない協力をしてくれた。お二人がいなければ映画は完成しなかった。人生の中で足を向けて寝られない人がいるとするならば、間違いなくお二人がそうだ。

地方競馬への転入

話を戻そう。中央競馬でついに1勝も挙げられなかった馬、勝ち上がった先のクラスで頭打ちとなって低迷した馬にも、競走馬として現役生活を続ける道がある。それが地方競馬への転入だ。

2023年に中央から地方へ再登録をされた馬は3961頭にのぼる。同年の中央競馬登録抹消頭数は5466頭だから、年度ごとに差はあれど、およそ72％のサラブレッドが中央競馬から地方競馬へ転出していることになる。

中央競馬と地方競馬では、競走レベルに大きな差がある。地方と比べて中央のレベルが高いからこそ、中央で伸び悩んだ馬が地方へ移籍することが成立していると言える。しかし近年は、地方馬の質も高くなり、実力が拮抗《きっこう》してきたという意見も散見される。実際のところはどうなのだろうか。

そこで、中央所属馬と地方所属馬のいずれもが参加することのできる「交流重賞」と呼ばれるレースの結果を見てみたい。2023年度に行なわれた全41の交流重賞（ダートグレード競走）の結果を勝ち馬の所属で比較すると、中央所属馬37勝、対する地方所属馬は4

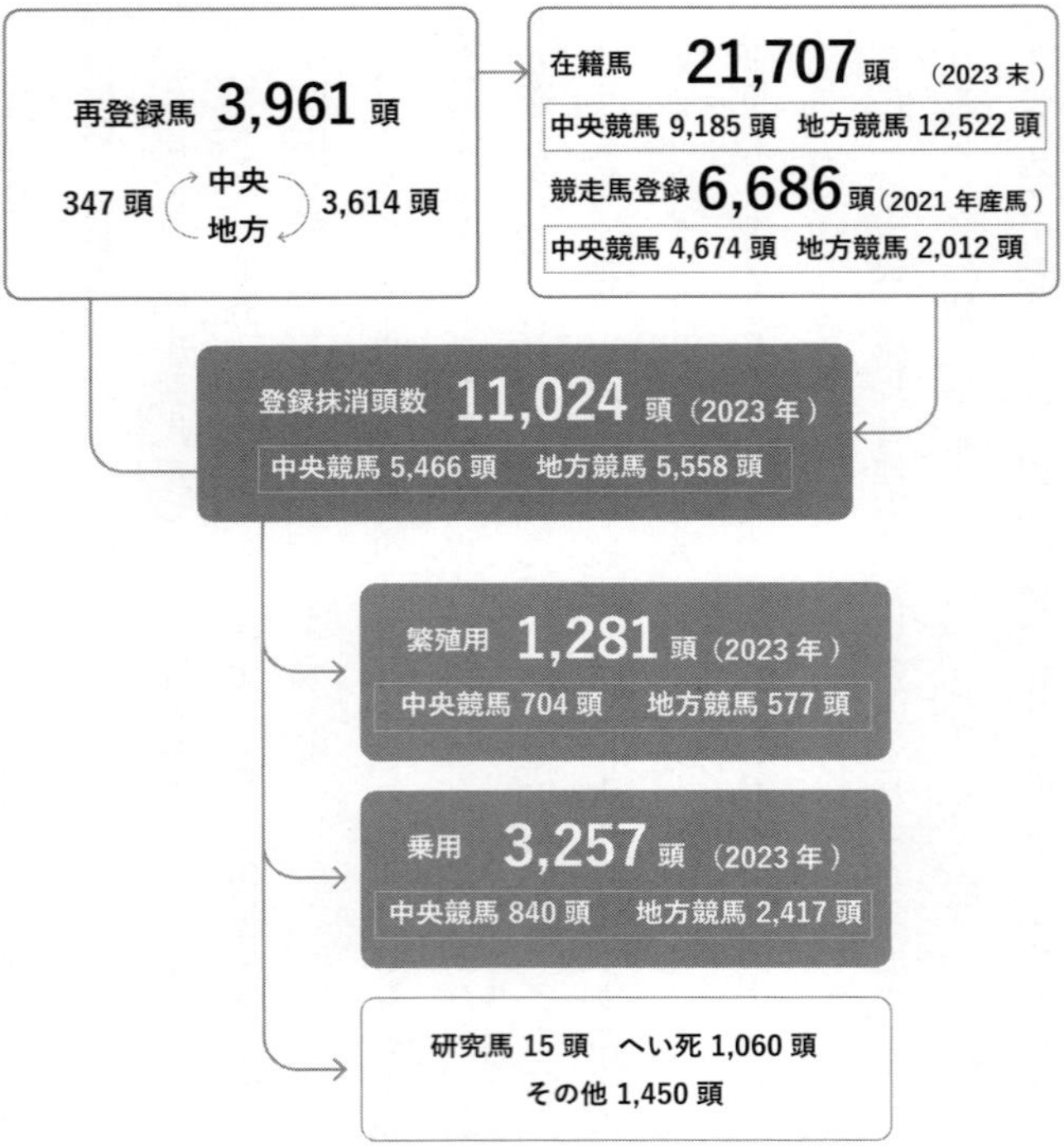

図3–2　競走馬登録とその後の進路

（農林水産省畜産局競馬監督課「馬産地をめぐる情勢（令和6年6月）」をもとに作成）

勝だった。

ちなみに地方所属馬の4勝のうち2勝を挙げたイグナイターは、中央競馬でデビューし、地方競馬へ転入してきた馬だ。この結果からも、競走能力において中央の馬に圧倒的なアドバンテージがあることがわかる。

また、賞金体系にも大きな差がある。中央と地方、それぞれの賞金の最高値、最安値を比較してみよう。

2024年現在、中央競馬で最も賞金総額（1着から5着までの賞金を合算した額）が高いレースは、国際GⅠ競走のジャパンカップと、年末のグランプリレースである有馬記念の9億5500万円。最も賞金総額の安いレースは、2歳未勝利戦の990万円だ。一方の地方競馬は、最も賞金総額の高いレースが、秋のJBCクラシックと東京大賞典で1億7000万円。最も賞金総額の安いところでは笠松競馬のCクラス戦が40万円だ。最高額でおよそ5分の1、最低額では20分の1以下の差となっており、差は一目瞭然だ。

出走手当にも同様のことが見てとれる。地方競馬では、各競馬場の主催者が個別に出走手当などの制度を定めている。先に挙げた笠松競馬のCクラス戦の出走手当は8万円で、中央競馬の出走手当である49万5000円と比較すると、笠松競馬の出走手当はわずか

キリシマノホシと川越靖幸さん、佐々木祥恵さん

16％ほどにとどまっている。
出走手当でランニングコストを賄う運用を行なっている馬主も一定数いるのだろうが、このように中央と地方では手当の額に大幅な開きがあるため、中央競馬では月に二度出走すれば賄えた馬の維持費も、地方競馬では同じようにはいかない。中央に比べて預託料に差があるとはいえ、賞金を稼げない馬は、かなりの出走回数をこなさなければ、とてもではないが維持費を賄えない。そのため、地方所属馬はレース間隔が短くなることが多く、同月に三度の出走を行なう馬も珍しくない。
いささか極端な例にはなるが、歴代最多出走数で中央と地方を比較してみよう。中央競馬史において最多出走記録を保持するハートランドヒリュは127戦4勝（生涯獲得賞金約1億3308万円）。地方競馬の最多出走記録は高知競馬のセニョールベストが持つ409戦32勝（生涯獲得賞金816万円）だ。

映画に出演し、「Loveuma.」の人気連載にもたびたび登場しているキリシマノホシも、現役時代は中央と地方合わせて188戦13勝という成績を残した馬だ。

引退後、家畜商の元からキリシマノホシを引き取った、元厩務員で同馬のお世話をしていた川越靖幸《かわごえやすゆき》さんと、競馬ライターの佐々木祥恵《ささきさちえ》さんは、「引き取った直後は人に対して気を許さず攻撃的だった。これだけたくさん競馬を使われたらね」

と言っていた。

私自身、以前は高齢になってもレースに出走している馬を見ると「早く引退させてあげればいいのに」と思うこともあった。しかし、引退馬問題を知れば知るほど、さまざまな思いが頭をよぎるようになったのも事実だ。「走れるうちはできるだけ走った方がいい」と思うことさえある。

しかし、どんな競走馬にも必ず「引退」はやってくる。では引退した競走馬たちには、どのようなセカンドキャリアがあるのだろうか。

第４章

引退後に進む道

セカンドキャリアの選択肢

競馬産業の中で生きる道

厳しい競争の世界に生きるサラブレッド。

輝かしい成績を収め日本競馬を席巻した馬にも、一度も先頭でゴールすることがなかった馬にも、いずれ現役引退の時は訪れる。彼らはその後、どのようなキャリアを歩んで行くのだろうか。

農林水産省では、競走馬が引退の手続きをした理由（登録抹消事由）を近年細かく発表するようになっており、競走馬のセカンドキャリアがどのようなものかを見ることができる。**図4−1**のグラフをご覧いただくと、引退した馬がどれくらいの割合でどんなキャリアを歩むのかがある程度わかるだろう。

まず、「再登録」とは、中央競馬に在籍していた馬であれば地方競馬へ移籍すること、地方競馬の馬であれば中央競馬へ移籍することを指す。また、「へい死」とは心臓発作や感染症などにより突然死することだ。

引退後のキャリアはさまざまにあるが、その中に競馬産業に残る道がある。いわゆる繁殖馬として生きる道だ。牡馬であれば種牡馬に、牝馬であれば繁殖牝馬となる。繁殖牝馬とは母馬になることで、生産牧場に入って出産、子育てなどを行ない、日本の競走馬生産

単位：頭

	2022 年末 在籍登録馬数	2023 年 登録抹消数	再登録	乗馬	繁殖	研究	へい死	その他
中央競馬	9,052	5,466	3,614	840	704	15	116	177
地方競馬	12,406	5,558	347	2,417	577	-	944	1,273
計	21,458	11,024	3,961	3,257	1,281	15	1,060	1,450

※中央：JRA 調べ　地方：NAR 調べ

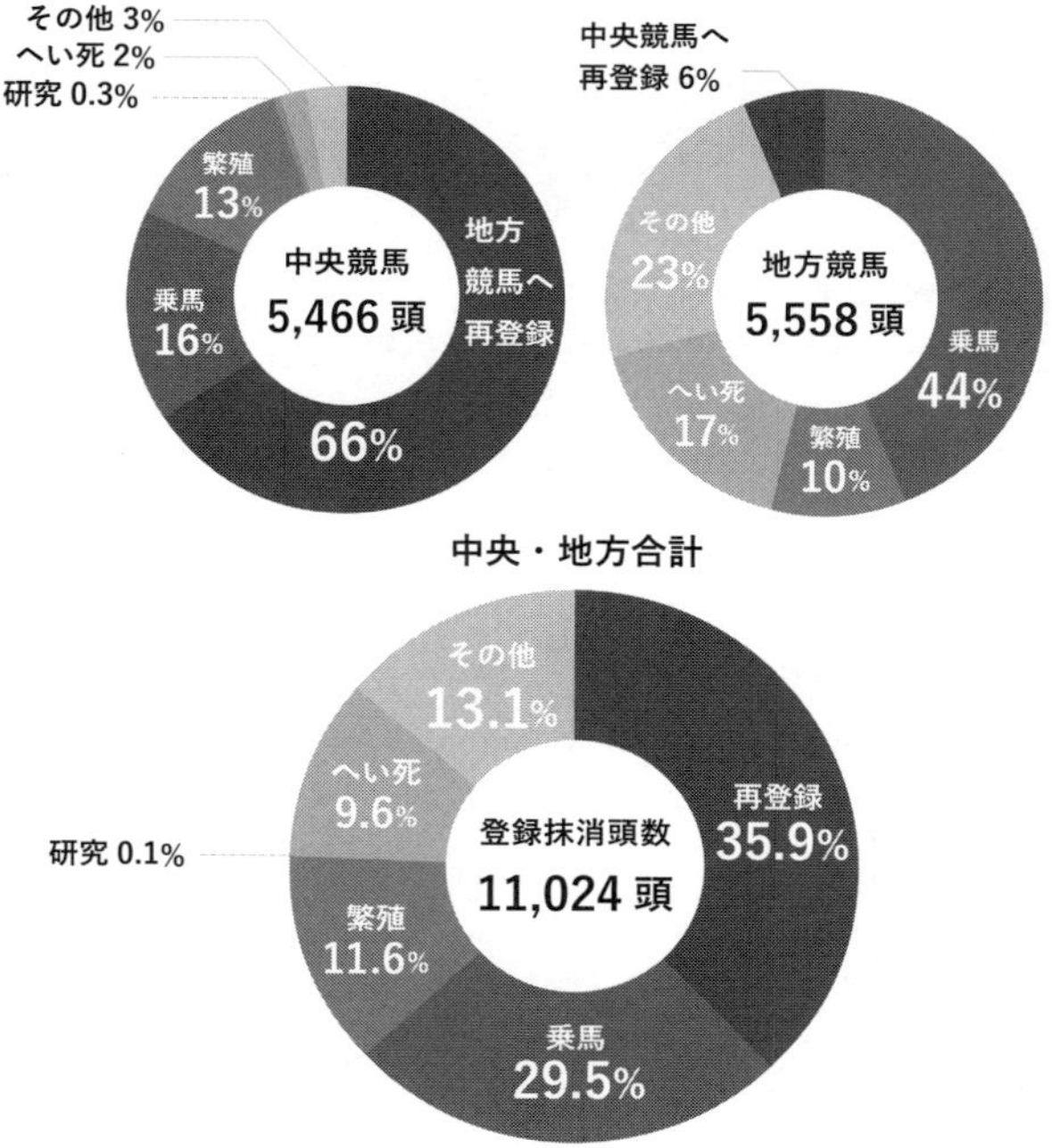

図4-1　競走馬の登録抹消事由別頭数

（農林水産省畜産局競馬監督課「馬をめぐる情勢」〔令和6年7月〕をもとに作成）

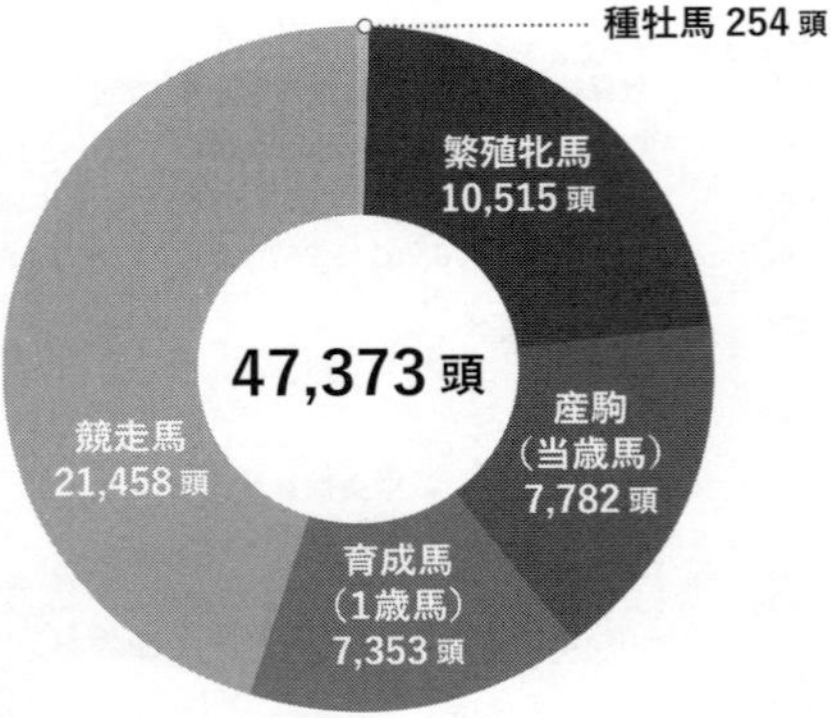

図4–2　軽種馬の国内での飼養状況(2022年)
(農林水産省畜産局競馬監督課「馬をめぐる情勢」〔令和6年7月〕をもとに作成)

を支える役割を果たす。

　農林水産省が公表している情報によると、２０２２年に日本で繋養されていた軽種馬(サラブレッドの品種)の総数は４万７３７３頭。そのうち繁殖牝馬は１万５１５頭であった。

　優秀な競走成績を残した牝馬はもちろんのこと、未勝利や未出走であった場合でも繁殖牝馬となることが多い。

　例えば、１９９３年の牝馬クラシックであるＧＩ競走の桜花賞やオークスを制した名牝ベガの仔であるヒストリックスターという牝馬は、競走馬としてデビューすることなく引退した。こと競走馬としては成功することは叶わず、関係者の期待を裏切ってしまった１

頭だった。しかし、名牝の産駒という血統背景から繁殖牝馬となり、3番仔のハープスターが2014年の桜花賞を制するなどの活躍を見せた。

命懸けのお産

しかし、繁殖牝馬としてセカンドキャリアを歩む馬たちも、決して生涯安泰というわけではない。繁殖牝馬が最もリスクに晒《さら》されるのは出産時だ。

生産牧場であるレイクヴィラファームの岩崎義久さんは語る。

「競馬ファンの皆さんにとっては、レース中の事故で安楽死するという、痛ましい映像を目にすることが多いと思いますが、お産ではその何十倍もの事故が起きています。仔馬、親馬に限らず、馬が命を落とすことが多いのが出産です。馬にとって一番リスクが高いのです」

私たちは馬が走る姿しか目にしないが、繁殖牝馬としての生活は競走生活よりもずっと長く続く。続けて岩崎さんは、「お産事故」について詳細に語ってくれた。

「母馬が高齢の場合には、子宮動脈が破裂することがあります。これは絶対に助けられません。名牝が出産の事故で亡くなるというニュースがよくありますが、たいていは子宮動脈破裂ではないかと思います。競走馬として良い成績を収めた馬であれば、高齢まで繁殖活動を行なう傾向にあるので、そうしたリスクは高まります。

あとは腸捻転《ちょうねんてん》ですね。仔馬は生後で50kgか、大きいのだと70kgくらいの体重で生まれてくるので、出産直後の母馬は出産前より100kgほど体重が落ちます。お腹の中にあったそれだけ大きなものが出産によって一気になくなるわけですから、お腹の中には膨大なスペースが空きます。馬の腸はとても長いため、ぽっかり空いたスペースの中で腸が変な形に捻《ね》じれてしまって命を落とす母馬は、毎年相当数いるようです」

馬は小腸と大腸を合わせると実に20〜30mもあるとされており、そもそも腸捻転になりやすい動物だ。どれほど腕利きの獣医が付き添っても、母子ともに助けることができないお産事故は必ず存在する。人の出産と同じく、馬のお産も命懸けなのだ。

映画でも、新冠町にあるコスモヴューファームで出産のシーンを撮影させていただいた。劇中に登場するコスモラパンは初めての出産だった。前脚と後ろ脚にピンと力を入れて、ものすごいうなり声とともに仔を産み落とした。私は動物の出産を近くで見るのは初めてだったが、その迫力と緊張感にただただ圧倒されたのを覚えている。

また、馬は夜中に生まれることが多いため、出産シーンの撮影は敷地内に機材車を停め、

コスモラパンの初めてのお産

厩舎内に暗視カメラを設置して、お産の兆候があればすぐに駆けつける体制を取っていた。この頃、コスモヴューファームでは毎日平均して数頭が生まれていたので、撮影初日にその姿をカメラに収められるものだと思っていたが、まさかのゼロ頭。翌朝に出社してきた厩舎スタッフの方がひと言、「いつもと違う状況だからなぁ」とつぶやかれたのを覚えている。やはり馬は繊細な生き物だ。部外者がうろついていつもと違う雰囲気を出してしまい、申し訳ないことをしたと思っている。

繁殖牝馬が「引退」するとき

このようにして繁殖牝馬たちは、命懸けのお産を乗り越え、競走馬となる仔を育てていく。

しかし、たとえ数多の名馬を輩出し、心身が健康なままであっても、高齢になると再び「引退」の時がやってくる。その理由はいくつかあるが、受胎率の低下、産駒の競走能力や繁殖能力の低下などが挙げられる。

まずは、受胎率の低下について見ていきたい。

JRAホームページ「馬の資料室」に掲載されている「子宮の回復と受胎率、流産率」を参考にしたい。ここでは出産後の初回発情時に交配された場合の受胎率が年齢別にまとめられている。

種付けの受胎率を考えるうえでは、無論、繁殖牝馬だけではなく種牡馬側の事情も無視できない。馬は生き物である。プロの獣医師が発情を確認し、適切なタイミングで種付けを行なうよう管理されてはいるものの、当然ながらその全てを人間が操作できるわけではない。そう考えれば「繁殖牝馬の年齢の上昇＝受胎率の低下」と言い切ることは難しいのだが、**図4―3**を見る限りでは、年齢とともに受胎率が低下しているのは事実のようだ。

また、同資料に掲載されている「JRAホームブレッドのまとめ」にも、高齢の繁殖牝馬にまつわる記述がある。

胎子《たいじ》損失の原因の中で、その半数が胎齢約40日以内の喪失として定義される早期胚《そうきはい》

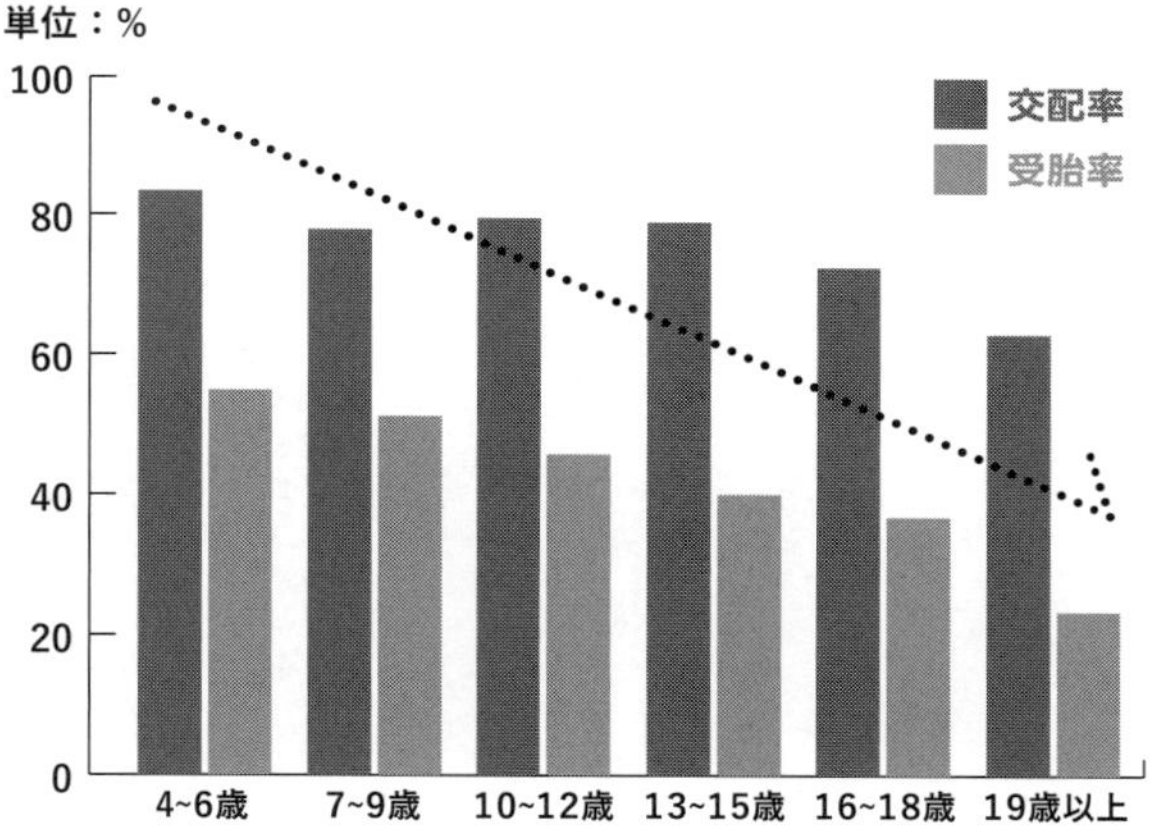

図4–3　出産後初回発情における年齢ごとの交配率と受胎率

JRAホームページ「馬の資料室」をもとに作成

死滅が占めていました。（中略）早期胚死滅の発生率は加齢と共に上昇することが知られています。このことから、繁殖成績（産駒の競走成績）の芳《かんば》しくない高齢の繁殖牝馬は、更新する（注：繁殖牝馬としての繁養を中止し、新たな繁殖牝馬と入れ替える）ことを検討すべきかもしれません。

「早期胚死滅」とは、胚の段階で胎子が子宮内で死滅して吸収されることを指す。つまり、無事受胎したとしても、出産までの間に胎子が失われる確率は加齢とともに上昇する。

また、引用文の最後に「更新する」とい

う記述がある。これは「繁殖牝馬から引退させる」ことを指す。生産者は生まれた仔馬を育て、オーナーに買ってもらうことで生計を立てる。そして出産の有無にかかわらず、繁殖牝馬の維持管理費は同等にかかるものだ。高齢の繁殖牝馬を運用し続けることは、事業上のリスクにもなる。

次に、「産駒の競走能力や繁殖能力の低下」とはどういうことか。

ジャパン・スタッドブック・インターナショナルのホームページ「海外競馬情報」で公開されている、「繁殖牝馬の将来の成功を左右する出生順についての研究（アメリカ）」（2017年12月20日）に、このような記述がある。少し長いが引用したい。

過去50年間のケンタッキー州年度代表繁殖牝馬のうち35頭（70%）は第2仔～第6仔として生まれている。（中略）

高齢繁殖牝馬は、その年齢が原因でDNAが変化する可能性が高い。それゆえ、高齢繁殖牝馬の仔はこの変化したDNAを受け継ぐ可能性がある。高齢繁殖牝馬の仔は身体的に健康そうであっても、突然変異のあったDNAを有している可能性がある。それは、競走能力に作用する速筋《そっきん》線維・遅筋《ちきん》線維に影響を及ぼす遺伝子の突然変異のようなものかもしれない。筋線維のわずかな変化でも、コンマ1秒差で勝敗が決まるレースでは大きな影響をもたらすことがある。この研究の場合、DNAの突然変異は、遅い出生順の繁殖牝馬が仔馬に劣化したDNAを伝え、その結果として仔の競走成績の低下を潜在的にもたらすことを意味している。

高齢の繁殖牝馬の仔は親から劣化したDNAを受け継ぐことで、競走成績の低下を引き起こす。そしてその仔が繁殖牝馬になった後もそのDNAは引き継がれていくため、繁殖能力にも影響を及ぼすというのだ。これについては、2〜6番仔が優秀な繁殖牝馬である確率が高いことがデータで裏付けられている。

こうしたことから、高齢になった繁殖牝馬は繁殖のステージを引退せざるを得ず、競走引退後と同様、次のキャリアを探さなければならなくなるのだ。

種牡馬として生きる道、その光と影

続いて、牡の繁殖馬である種牡馬として生きる道を見てみたい。

競走引退後、種牡馬となる場合にはシンジケートが組まれることがある。シンジケートとは種牡馬を元に組織される株主の集まりのことで、1頭の種牡馬を数十株に分けて分配し、その保有株数に応じて種付けの権利を得るというものだ。種付けシーズンは毎年2月頃～7月頃までで、人気や実績のある種牡馬だと1日に複数回の交配が行なわれる。

名馬ディープインパクトの場合、前年にサイアーランキング（年間の産駒の獲得賞金合計額の順位）1位となり、最も交配数が多かった2013年は、シーズン6ヶ月のうちに262頭と交配した。当時の種付け料は1500万円で、概算で39億3000万円の経済価値があったと言える。なお、2016年は種付け頭数が243頭に減少したものの、種付け料は3000万円に増額され、概算で72億9000万円の経済価値となっていた（図4―4）。

競馬は私たちが興行として楽しむ「公営ギャンブル」としての側面ばかりが知られているが、「種牡馬ビジネス」としての側面も非常に大きい。ディープインパクトは現役時代にGI7勝を挙げ、獲得した賞金は約14億5455万円にのぼるが、同馬の種付け料と交配数を見ると、現役時代よりもはるかに莫大なお金が動いているのが一目瞭然である。もちろんそれはディープインパクトが種牡馬としても成功したからであって、名馬が名種牡馬になれるわけでは決してない。

そしてこれは、世界共通の事象でもある。

年度	種付頭数	産駒頭数	種付け料（条件）単位：万円	サイアーランキング
2019	24	113	4000（Private：詳細情報非公開）	1位
2018	206	144	4000（Private：詳細情報非公開）	1位
2017	241	162	3000（Private：詳細情報非公開）	1位
2016	243	157	3000（Private：詳細情報非公開）	1位
2015	261	176	2500（Private：詳細情報非公開）	1位
2014	255	181	2000（Private：詳細情報非公開）	1位
2013	262	159	1500（前納・不受胎時全額返還）	1位
2012	246	151	1000（前納・不受胎時全額返還）	1位
2011	229	140	1000（前納・不受胎時全額返還）	2位
2010	219	118	900（前納・不受胎時全額返還）	35位
2009	171	161	1000（前納・不受胎時全額返還）	―
2008	232	152	1200（前納・不受胎時全額返還）	―
2007	215	―	1200（前納・不受胎時全額返還）	―

図4–4　ディープインパクトの種付け料・頭数の推移（JBIS-サーチ、netkeiba OWNERSをもとに作成）

2022年のブリーダーズカップクラシックを制し、6戦無敗で引退した米国の最強馬フライトライン。世界のダートチャンピオンに輝いたこの馬の種付け権利のうち2・5％分が、アメリカ最大規模のサラブレッドオークション「キーンランドセール」に上場された。注目の落札価格は460万ドル（当時のレートで約6億7000万円）。フライトラインの種牡馬としての評価総額は、単純計算で1億8400万ドル（約

270億円）になる。現役時代に稼いだ賞金の総額は約450万ドルだから、種牡馬ビジネスがいかに大きな規模であるか、この例からもおわかりいただけるだろう。

したがって、種牡馬入りが期待できるほどの活躍馬は「種牡馬としての価値」を常に意識して現役生活を送る。長く現役を続けることは、新たなタイトルを獲得できる可能性がある一方で、惨敗してその価値が下落したり、故障を発生して命を落とすリスクも常につきまとう。そのため近年では特に顕著な活躍を遂げた馬は、早々に引退、種牡馬入りすることも多い。例えば、ディープインパクトとイクイノックスという2頭の名馬も、4歳という若さで次のステージへと進んだ。

とはいえ、種牡馬になれるのはほんの一握りだ。

中央競馬で1勝するだけでも困難な中で、その最高峰であるGIレースを制した馬であっても種牡馬になれないことは決して珍しくはない。先に1万515頭という繁殖牝馬の数を紹介したが、対する種牡馬の繋養頭数はというと、その数わずか254頭。繁殖牝馬のおよそ40分の1だ。

JRAホームページ「研究所だより」（2021年11月25日）によると、2020年までの過去10年間の延べ47万頭以上のデータから、牡馬と牝馬の割合は、牡馬が60％、牝馬が

40％だったようだ。また、現役馬の頭数を見ると、2023年1月29日時点で牡馬が7069頭（57％）、牝馬が5279頭（43％）だ。

牡馬と牝馬の頭数自体は大差ないにもかかわらず、繁殖ステージへ進んだ途端にその数が大きく乖離《かいり》していることは、種牡馬への道がいかに狭き門であるかを物語っている。最近だと、3歳で日本競馬最高峰のレースである有馬記念を制したブラストワンピースや、ダート戦線でGⅠレースを7勝したブルーコンコルドは種牡馬入りすることができなかった。戦績は輝かしくとも、市場の需要と噛み合わない場合は種牡馬にはなれないのだ。また、種牡馬になったとしても、ディープインパクトのような名種牡馬になれる馬はごくわずかだ。数年の種牡馬生活の末、用途変更（事実上の種牡馬引退）となる馬は少なくない。

例えば、後に詳しく述べるフォスターホース（認定NPO法人引退馬協会が独自の里親制度を用いて繫養している馬）の1頭であるクレスコグランドは、7年の種牡馬生活（2015～2021年）で11頭に種付け、9頭の産駒を残した後に種牡馬を引退している。特に2018年からの4年間は、毎年1頭の種付けに留まっていた。申し込みがなければ経済価値を生み出せないため、人気のない種牡馬は淘汰されていくのが業界の常だ。命ある限りは次のキャリアを探さなければならない。

ちなみにフォスターホースの中には、メイショウボーラー、メイショウサムソン、ダノンシャーク、ナイスネイチャ（2023年没）、メイショウドトウ、タイキシャトル（2022年没）など、種牡馬を引退した馬が数多く存在する。

また北海道浦河町《うらかわ》にある、馬と自然にふれあえる「うらかわ優駿ビレッジAERU」でも、種牡馬の仕事を終えた引退名馬たちが暮らしている。2024年11月現在は、アロースタッドからやってきたスズカフェニックスやナカヤマフェスタ、イーストスタッドからやってきたオウケンブルースリ、根岸競馬記念公苑からやってきたマイネルキッツらが暮らしている。過去には1993年のダービー馬ウイニングチケットも暮らしていた、ファンゆかりのスポットだ。北海道の日高方面に行かれた際には、ぜひ立ち寄って見学してほしい。

乗馬転向に必要な「リトレーニング」の現場

引退後、競馬産業から離れて次のキャリアへ進む馬もいる。

繁殖馬にならなかった（なれなかった）馬、繁殖生活を終えた馬の進路の一つとして挙げられるのが乗馬への転職だ。ただし、ひと口に乗馬といっても仕事内容はさまざまで、あえて分けるならば「趣味用」と「競技用」になる。

趣味用とは、文字通り趣味で楽しむ人を対象にした乗馬のための乗用馬を指し、競技用とは、馬術競技に出場するような競技馬を指す。どちらも個人の施設や乗馬クラブで繋養されている。

馬術の障害飛越（写真提供：ゲッティイメージズ）

馬術競技といえば、2024年のパリオリンピック・総合馬術団体において、日本馬術界がじつに92年ぶりにメダルを獲得したことが話題となった。馬術競技にはさまざまな種類があり、オリンピックではコース上に設置された大きな障害物を飛び越える際のミスの少なさと走破タイムを競う「障害馬術」、ステップなどの演技の正確さと美しさが採点される「馬場馬術」、その2つにダイナミックなクロスカントリー走行を加えた「総合馬術」の3種目が行なわれている。
2018年からは、乗馬に転向した現役引退後3年以内の元競走馬が出場可能なRetired Racehorse Cup（以下、RRC杯）という競技会が、JRAの助成事業として、公益社団法人「全国乗馬倶楽部振興協会」の主導で執り行なわれている。

初年度は全国で全6大会が行なわれ、160頭（複数回出場の重複を含む）のエントリーがあった。その後6年目の2023年には全27会場（障害馬術15会場、馬場馬術7会場、総合馬術5会場）に671頭がエントリーし、急速に規模を拡大している。

こうしたRRC杯のような大会に出場する競技馬にも、乗馬クラブで一般のお客さんを乗せて歩く乗用馬にも、通らなければならない道がある。

再調教、すなわち「リトレーニング」である。

認定NPO法人「サラブリトレーニング・ジャパン」のリトレーニングマネージャーである宮田朋典《みやたとものり》さんはこう語る。

「競走馬は速さを競わせるために調教されているので、いわばF1マシンのような存在と言えばよいでしょうか。それが騎手や調教師などのプロと目的を共有しているような状態が現役時代です。引退して趣味用、競技用に転用する際には、素人の人たちとの関わりの中で『人間は安心できる、信頼できる、頼れる存在だ』ということを教えなければなりません。一般の方が扱えるようにする必要があるからです。

まずは、今まで教わってこなかった他馬との集団行動に必要なことを教え、群れ社会に戻すきっかけを作ります。それが僕のリトレーニングの定義です。その第一フェーズとも言えるのが、グラウンドワークです」

グラウンドワークとは、人が馬に乗らずに地上で接すること全般を指し、人と馬の信頼関係を構築するトレーニングのことだ。競走馬と乗用馬では、気性から使う筋肉に至るまで、必要とされるものが大きく異なる。そのため、馬を一からつくり直さなければならない。

宮田さんは、そんなグラウンドワークの基礎として、まず「個体認知」を行なうところから始めるという。

「まずは馬に名前を教えることから始めます。競走馬って自分の名前を知らないことがほとんどなんですよ。だから名前を教えて個体認知をさせます。やってはいけないこと一つ教えるにしても、馬自身が人を介して自分を認知しなければなりません。もちろん、同時に人も馬を認知する必要があります」

具体的な方法は次の通りだ。

「名前を覚えたら、次に名前と結びつく〝NO〟と〝YES〟を教えて、お互いの関係性や距離感を構築していきます。例えば、前掻《まえか》き（注：前脚を振り出して地面を掻くこと）をしているとします。そこで僕が〝NO!!〟と叫んでも、どの馬も前掻きをやめません。ですが『〇〇（馬の名前）、NO!!』と言うと、どの馬もピタッとやめます。

ここで大切なのは、叩いたらやめるとか、怒ったらやめるとか、そういったことで馬が教育されることは本質的にないということです。個体と個体で、お互いが出している〝YES〟と〝NO〟を認識し、馬自身にそこからどうするかを考えて導き出してもらう必要があるんです。これはどのトレーニングにも共通することですが、負荷を与えた時にいかに自分で考えられるように脳をつくっていくのか、ということが大切です。ここから僕のリトレーニングが始まります」

なお、医学、脳科学的な根拠に基づく理論上では、個体認知には最低6ヶ月が必要だとされる。この期間は乗用馬としての経済性がないため、原則として所属する施設がその経費を捻出する。そうした事情もあり、宮田さんは独自のメソッドで3ヶ月でリトレーニングを終えるようにしているという。

そしてグラウンドワークを終えた馬たちはその後、それぞれの適性に合った次のキャリ

開催年・地	種目	優勝国	馬名	品種
2008 北京	障害 馬場 総合	カナダ オランダ ドイツ	Hickstead Salinero Marius Voigt-logistik	KWPN HANN HOLST
2012 ロンドン	障害 馬場 総合	スイス イギリス ドイツ	Nino Des Buissonnets Valegro La Biosthetique-Sam Fbw	SF KWPN DSP
2016 リオ	障害 馬場 総合	イギリス イギリス ドイツ	Big Star Valegro La Biosthetique-Sam Fbw	KWPN KWPN DSP
2021 東京	障害 馬場 総合	イギリス ドイツ ドイツ	Explosion W Tsf Dalera Bb Amande De B'neville	KWPN TRAK SF
2024 パリ	障害 馬場 総合	ドイツ ドイツ ドイツ	Checker 47 Tsf Dalera Bb Fischerchipmunk Frh	WESTF TRAK HANN

※ KWPN: オランダ温血種　HANN: ハノーヴァー　HOLST: ホルシュタイナー
SF: セルフランセ　DSP: ドイツスポーツホース　TRAK: トラケナー

図4–5　過去5回のオリンピック馬術（個人）の優勝馬

アへと進むための訓練を行なっていく。例えば競技馬に転向するのであれば、障害飛越の練習などを進めていくことになる。

乗馬としての多様な道

そもそも国内外のハイレベルな馬術競技では、サラブレッド以外の品種の馬が活躍する傾向があることにも触れたい。事実、過去5回のオリンピックでサラブレッドは一度も優勝しておらず、「中間種」と呼ばれる馬たちの独占状態となっている（図4―5）。

中間種とは、オランダ温《おん》血《けつ》種

（KWPN）、ハノーヴァー（HANN）など、セルフランセ（SF）、障害飛越競技、馬場馬術競技において優れた能力を発揮することを目的に配合された品種のことだ。

オリンピックの馬術競技の中でも特に「馬場馬術」は、ゆっくりと大きく前脚を上げて前に出すなどの決められた動きが求められる。それは競走馬のようなスピーディーで瞬発的な動きと相反するものだ。そのため、オリンピックの舞台で活躍する馬は中間種の馬が多くなるというわけだ。事実、２０２４年の日本代表選手のパートナーの馬も全頭が中間種だった。

自身も馬術の競技者である、筑波スカイラインスティーブル代表の増山大治郎《ましやまだいじろう》さんは、取材を行なった２０２１年８月時点で８頭の中間種と17頭のサラブレッドを管理していた。

増山さんはサラブレッドの競技適性について次のように語ってくれた。

「これは僕の考えですが、障害飛越競技では、才能のあるサラブレッドなら活躍する可能性があると思います。リオオリンピックの総合馬術では、海外の選手が引退競走馬で出場していました」

先に述べたように、競馬と乗馬に求められる素質は大きく異なるとされるが、競技者の目線から語られたサラブレッドの競技適性は、意外にも前向きなものであった。現状、サラブレッドは乗用馬として訓練された後、多くの場合で本番に向けての「練習馬」として、競技者の日々のトレーニングを支えている。ただし近年では、前述のＲＲＣ杯の開催もあって、多くのサラブレッドが試合に出るための馬術競技馬として磨きをかけられ、大会でも活躍を遂げている。

ここで気になるのは、馬術などの競技馬としての役目を終えた後の馬たちのキャリアについてだ。

このことに関して、ＲＲＣ杯を主催する全国乗馬振興協会の方に、出場資格を失った引退馬のその後について話を伺ったことがある。同大会には競馬を引退して3年以内の馬しか出場できないからだ。

結論から言うと、9割以上の馬がそのまま乗用馬として乗馬クラブの営業に貢献したり、ＲＲＣ杯以外の馬術競技大会に出場したりしていることがリサーチの末に明らかになったという。引退馬支援という観点において、この大会がもたらした功績は非常に大きい。

とはいえ、乗用馬も例に漏れず、いつまでも人を乗せられるわけではない。繁殖の道に進んだ馬と同じように、いつか引退の日はやってくる。手間とお金をかけてリトレーニングされ、乗馬としてのキャリアを送る馬たちも、一生安泰というわけではない。

サラブレッドの能力と相性のいい「ホースボール」

ちなみに馬術競技以外にも、引退馬が活躍できるスポーツは存在する。せっかくなので「ホースボール」という競技を紹介したい。

ホースボールとは、馬に乗って行なう球技だ。ピッチは65m×25mで、4騎対4騎で馬に乗ったまま、皮の取っ手のついたボールを奪い合う。そして地上3・5mの高さに設置された直径1mほどのフープにバスケットボールのようにボールをシュートし、得点を競い合う。

その源流は南米にある。アルゼンチンの「パト（PATO）」という、ガウチョ（アルゼンチン版のカウボーイ）たちの遊びが1953年に国技に制定され、それが1970年代にフランスで改良されて、フィールドをサイズダウンしてより展開の早いスポーツにしたものがホースボールだ。

国際ホースボール連盟（FIHB）のフレデリコ・カナス会長いわく、現在最も競技が盛んに行なわれているのは、発祥の地フランスだという。同国ではプロリーグがあり、14

0ヶ所に450チームを有し、年間なんと約6000試合が行なわれている。登録しているプレイヤーは約3000人、不定期でホースボールを楽しむ人も1万2000人ほどいるそうだ。

ホースボールの競技の様子（写真提供：Jeanne Monteis）

また国際大会においては、ワールドカップ、ヨーロピアンカップ、ヨーロピアンチャンピオンズリーグ、地中海リーグ、イベリアリーグなどがある。だが、現時点で賞金はなく、トロフィーとスポンサー付きの賞品のみとのことで、メジャースポーツのようなマーケットまでには成長していない。

ホースボールで活躍する馬の多くはサラブレッドだ。その理由についてフレデリコ氏はこう語る。

「サラブレッドはホースボールの運動に適しており、操作が簡単で、ペースが非常に優れています」

私なりにこの言葉を解釈すると、サラブレッドは口向きが軽いため、瞬間の指示に対しての反応がよく、また狭いフィールド内で行なわれることから、展開の早いこの競技においてはその抜きん出た瞬発力が大きなアドバンテージになる、ということだろう。

事実、２０２２年にフランス・ノルマンディー地方のサン＝ローという街で開催され、16ヶ国の代表チームが出場した「２０２２ FIHB WHR Horseball World Cup」では、出場した馬のうち85％がサラブレッドだった。

そして、ワールドカップ出場国の中には日本チームも含まれる。

日本ホースボール協会の西島隆史《にしじまたかふみ》代表理事に話を伺うと、現在日本にはプロリーグや競技チームは存在せず、競技馬も千葉県富里《とみさと》市にある同協会の施設内で、7頭の引退競走馬と1頭の北海道和種（通称「道産子《どさんこ》」）が、競技の練習馬として存在するに留まっている。なお公式試合はないため、西島さんは一般の方に乗馬のレッスンや試合の指導をしながら運営費を捻出して活動を継続しているとのことだ。

２０２４年現在、日本国内でホースボールはマイナー中のマイナースポーツであると言わざるを得ない。しかし、決して多いとは言えない引退馬の利活用の方法を鑑みると、セカンドキャリアとして馬術以外の競技が存在することは大きな意味を持つ。今後の発展に心から期待したい。

馬だからこそ癒せる人がいる――ホースセラピー

ここからは、引退馬が乗馬以外に競馬産業の外で生きる道を紹介したい。

近年引退馬の活用方法として注目を集めているのが「ホースセラピー」だ。ホースセラピーとは、乗馬や馬の世話などの馬に関わる活動を通じて、人間の心と身体の働きをよりよい状態に導くものである。

他のアニマルセラピーは、医療的には心理・精神面に効果が限られているのに対し、ホースセラピーはそうした側面に加えて、教育、スポーツ・レクリエーションの要素を併せ持っており、人の心と体に効果が認められるといわれる。まさに現在進行形で研究が進む分野だ。ＪＲＡのホースセラピーに対する期待は厚く、ホースセラピーに関する項目を独立させて予算組みがなされている。

一般財団法人ホースコミュニティが運営する「ホースセラピーねっと」によると、２０２４年現在、日本でホースセラピーを受けることができる施設は、一般の方が申し込み可能な施設だけで19ヶ所存在する。一般の予約を受け付けていない団体や施設を含めれば、その数はさらに増え、助成金の充実も相まって今後も増加することが予想される。

そんなホースセラピーの特徴とは何か。診療の傍らホースセラピーの普及活動に取り組んでいる児童精神科医・井上悠里《いのうえゆり》さんに話を聞いた。

「馬は他の動物より多くの役割を担えるため、得られるセラピーの幅が広いことが魅力です。例えば乗馬では、身体の運動機能の向上やリハビリテーションの効果が期待できます。乗馬を通じてどれだけ身体の可動域が広がったか、また身体機能が改善されたか、データで成果を測りやすいこともあり、これまで日本のホースセラピーは乗馬療法を中心に発展してきました。

また馬をお世話することを通じて、作業能力や認知能力の向上につながるとも考えられています。メンタルや発達に関する悩みにアプローチすることもできます。馬に詳しい人、作業療法士や理学療法士、心理士、医師などの専門家といったさまざまなメンバーが集まって、それぞれの経験や専門性に基づいたプログラムを展開しているところです」

サラブレッドを用いる利点もあるそうだ。

「ホースセラピーでは、馬が人とのつながりを持つことが求められます。その点、育成牧場などでしっかり人との信頼関係を結んできた競走馬であれば、セラピーでも人とつながりを持つことは得意なのかなと」

療法	期待される効果
理学療法的なアプローチ	乗馬による身体障害のリハビリテーションや運動機能の向上
作業療法的なアプローチ	多様な感覚刺激の提供による感覚統合療法、馬との接触を通じた作業能力や認知の向上
心理社会的なアプローチ	非言語のコミュニケーションや社会性の向上、心理社会的療法
その他	余暇活動、居住所の提供

図4–6　ホースセラピーの療法と期待される効果

さらに、乗馬とは異なり、サラブレッドの持つ強い闘争心が時としてセラピーに活きることもあるという。

「闘争心が強い馬や、人との距離感を取るのが難しい馬がいるのは事実です。しかしそういった馬にも活躍の可能性があると考えています。

例えば、難しい気性を持つことから人との距離感を測るのが苦手な馬がいたとします。しかし、人がその馬を前にすることで、何を求めているのか、どう接するべきか、言葉の壁を超えて考えて行動することができます。そういった経験を重ねることで、対人関係や社会生活でも役立つ、相手をよく観察して考えを推察することや、相手との距離感を学ぶことができると考えられます。

この他、身体のリハビリを目的とするならば、できるだけ馬体の歪みが少なく、左右のバランスが良いことが求められます。またセラピーを受ける人の体格や身長に合わせて、体高で馬を選ぶこともあります。メンタルの観点からいえば、対人的な傷つきがあり、不安が強い人にはなるべく穏やかな馬を選ぶ方が安心かもしれません」

つまり、人と馬の個性を見て相性が良いパートナーを選び、利用者の課題解決に効果が期待されるプログラムを行なうのがホースセラピーの基本、ということになるだろうか。ホースセラピーがその医療効果において確固たるエビデンスを得られ、医療保険の適用対象になることがあれば、その普及は一気に加速するかもしれない。

華やかなセカンドキャリア——誘導馬・騎馬隊・神馬

その他にも競走馬のセカンドキャリアはいくつか存在する。

まず、競馬業界の中で活躍する道として、競馬場でレース出走馬を先導する「誘導馬」という仕事があるのをご存じの方は多いだろう。現在ＪＲＡの全国10ヶ所の競馬場では、合わせて１００頭以上の誘導馬たちが活躍しており、その９割以上が引退したサラブレッドだ。

地方競馬でも同様に、引退馬が次のキャリアとして誘導馬の仕事を行なっている。

ちなみに誘導馬になるのに、競走馬時代の成績はあまり関係ないようだ。事実、未勝利で引退した馬たちも多く在籍している。ちなみに芦毛《あしげ》の馬が誘導馬に選出されやすいと言われ、現役競走馬全体では約6％しかいない芦毛の馬が、誘導馬には約39％いる。

誘導馬のように華やかなセカンドキャリアには、他に騎馬隊がある。

2024年10月現在で警視庁騎馬隊には16頭の馬が在籍しており（すべて牡馬）、うち15頭がサラブレッド。引退馬の貴重な再就職先だ。仕事の内容は、学童交通整理やパトロールのほか、パレード・式典への参加など多岐にわたる。警視庁だけでなく、例えば京都府警の平安騎馬隊では在籍する全6頭が元競走馬で、日々活動に励んでいる（仕事のない日は京都市の宝が池公園内に繫養されており、自由に見学することができる）。また皇宮警察本部の騎馬隊も、各国大使が着任した際の信任状捧呈式などで活躍している。

地域社会に関わるという点では、「神馬《しんめ》」にも触れておかねばならない。

神馬とは、神が騎乗する馬として神社に奉献される馬のことだ。一般的に芦毛や白毛であることが重んじられる。鹿児島神宮で神馬を務める「清嵐《せいらん》（競走馬名：ブラーニーストーン）」は、2013年にオルフェーヴルが凱旋門賞に出走した際、帯同馬としてフランスへ渡航した元競走馬で、中京競馬場の誘導馬を経て神馬となった異色の経歴の持ち主だ。神事でつながるところとして、相馬野馬追《そうまのまおい》のことも紹介しておきたい。

相馬野馬追は福島県の相馬地方で毎年3日間にわたって行なわれる、国の重要無形民俗文化財にも指定されている祭礼だ。約400騎の騎馬武者が甲冑《かっちゅう》をまとい、市中を進軍する「お行列」や、レーストラックを人馬一体で駆け抜ける「甲冑競馬」、御神旗《ごしんぎ》を数百の騎馬武者が奪いあう「神旗争奪戦」など、戦国時代を彷彿《ほうふつ》とさせる伝統ある祭事で、文字通り馬の参加が必須となるイベントだ。

2023年の相馬野馬追では、361頭が参加し、3日間の総観客数は約12万1400人を数える大きな盛り上がりを見せた。

この祭礼のために自宅、または共用の厩舎で馬を繋養している人も多く、相馬地方は「馬の町」としても知られる。しかし、参加する馬の全てがというわけではなく、およそ半数は別の地域の乗馬クラブや馬事施設、馬の仲介業者からレンタルする形となっているようだ。

馬を用いる祭事では日本一と言っていいほどの規模を誇る相馬野馬追は、引退馬の再就職先としてよく名前が挙がる。有名馬では2002年皐月賞勝ち馬のノーリーズン、20

相馬野馬追の甲冑競馬の様子（写真提供：山梨勝弘／アフロ）

19年札幌2歳ステークスの勝ち馬ブラックホールも活躍している。

馬を用いる祭事としては、他に三重県桑名市の多度《たど》大社《たいしゃ》で毎年5月に行なわれる「多度祭」の目玉行事「上げ馬神事」も有名だ。これは古くより豊作・凶作を占う神事祭にあたり、平均斜度30度の急こう配の坂と高さ約2mの土壁を、馬に跨った若者が駆け上がるというもので、強烈なインパクトのあるその模様を、メディアを通じて一度は目にした人もいるのではないだろうか。コロナ禍でしばらく中止となっていたが、2023年に再開し、18頭の馬が参加している。

現代の私たちにとって、こうした馬を用いる神事は、馬が特別なパートナーであることを示す貴重な機会になっており、数は少ないながらも引退馬のセカンドキャリアになっている。

しかし、その一方で問題も取り沙汰されている。

2023年の相馬野馬追では、主催者発表では熱中症によって2頭の馬が命を落としている。同年の上げ馬神事でも、転倒による脚の負傷によって1頭の馬が命を落とした。さらには神事の最中に馬を叩いたり蹴ったりしたことが虐待行為とみなされ、2024年9月に関係者12人が動物愛護法違反の罪で書類送検されている。その後相馬野馬追は翌年から開催時期を7月から5月に変更し、多度祭の上げ馬神事も翌年から坂の傾斜を緩めて、土壁も1mに下げる方針で調整しているという。

古くから続く伝統行事には最大の敬意を表さなければならない。だが、この数十年で日本の気候や市民の考え方は大きく変化している。馬の関わる神事の現場では、時代に合った形で伝統を紡いでいくことが求められている。

安息の余生を過ごす——養老馬牧場

この章では引退馬の多岐にわたる「再就職先」を紹介してきた。いずれも人間の経済活動や社会の中で馬を利活用するものだが、何らの役割を与えられない道が一つだけある。それは、養老牧場で余生を送るという道だ。

養老牧場に預けられる馬は、原則的に利益を生まない。事業や行事に参加したりもしないし、人を乗せることすらない。その馬が生きていくうえで生じる月々の費用を、馬の所有者が牧場に預託料として支払うことで、その馬の生活が担保される仕組みのうえで生きている。

養老牧場という言葉をよく目にするようになったのは2000年代に入ってからのことだが、その始まりは1984年に日本初の養老牧場として開業した「イーハトーヴオーシァンファーム」であると言われる。引退馬のいる牧場を掲載しているサイト「引退名馬」によると、現在日本には115ヶ所の養老機能を持った牧場があるとされている。

その中の一つに数えられるのが、牝馬として64年ぶりに日本ダービーを制した歴史的名牝ウオッカをはじめ、種牡馬としても活躍中のエピファネイアやルーラーシップ、ドバイワールドカップを日本馬史上初めて制したヴィクトワールピサ、メルボルンカップを制したデルタブルースなど数々の名馬を管理・調教し、日本の長い競馬史の中でも卓越した実績を残した元JRA調教師・角居勝彦《すみいかつひこ》さんが代表を務める、珠洲《すず》ホースパークだ。

角居勝彦元調教師

珠洲ホースパークでの風景

この名伯楽が、現役の調教師時代から引退馬支援に熱心だったことを知る人は多いのではないだろうか。

角居さんは今、家業を継ぐため２０２１年に調教師を勇退し、石川県珠洲市で数頭の養老馬と数人のスタッフと共に、観光型養老牧場・珠洲ホースパークを2023年8月にオープンした。同施設には、珠洲市が所有する約1万5000坪の広大な土地に運動用の角馬場《かくばば》と放牧地、そして前身の施設から引き継がれた農業用ハウスを仮設の馬房として、全5馬房を有している。将来的には40馬房ほどの管理を目指しているとのことだ。

しかし2024年1月の能登《のと》半島地震によって甚大な被害を受け、幸い人馬は無事だったものの、施設の一部が倒壊。周辺の道路に被害が発生したことで発生当時は交通網が遮断されるなど大変な苦労があったようだ。1日も早い施設の復旧と、人馬の心が落ち着くことを願いたい。

JRAに登録する馬主法人で、いわゆる「一口馬主」のクラブとして有名なキャロットクラブは、2023年8月より、クラブ所属馬のうち主に重賞勝ちを収めた牡馬を、ここ珠洲ホースパークへと送るプロジェクトを始動している。2024年9月時点では、カウディーリョやグルーヴィット、ベレヌス、カテドラルら4頭のキャロットクラブ出身馬が、ここで余生を送っている。

この取り組みで特筆すべきは、クラブ法人による引退馬支援活動という点で全く前例のないことだ。かくいう角居さんもこの取り組みを「革命」と表現していた。

引退馬の多くは終生飼養がなされない現在の競馬産業のサイクルの中で、引退した元出資馬の余生に携わり続けられる取り組みが業界の常識となれば、引退馬支援における大きなエポックメイキングになるだろう。

これはキャロットクラブという一企業が、養老牧場へ寄付をして馬を送ることで縁のある引退馬を支援するという事例だが、先に述べた認定NPO法人「引退馬協会」のフォスターペアレント制度のように、複数の一般人から毎月小口の支援を募って養老牧場へ預託料を支払うケースも存在する。

2011年に設立された同団体は、フォスターペアレント制度を中核として、競走馬から乗馬に転向するまでのセカンドキャリアを支援する「再就職支援プログラム」や「引退馬ネット」（支援を行ないたい馬の会の立ち上げ、会員を募って余生を支える人々のサポート業務）、東日本大震災での被災馬の支援など、引退馬にまつわるさまざまな活動を推進してきた。

なお、フォスターペアレント制度の対象馬を「フォスターホース」と称しているが、そのフォスターホースは、2024年9月末時点で72頭（死没馬も含む）にのぼる。

フォスターペアレント制度とは、わかりやすく言えば「里親制度」だ。

後述する株式会社TCC Japanも同様に、TCC引退競走馬ファンクラブと称して、会員から小口の支援を募る里親制度を運用している。その仕組みによって生きている馬たちを「TCCホース」と称しており、2024年10月時点でその数は49頭を超えている。

ちなみに国内には、引退馬の所有者に対して助成金を交付する「引退名馬繫養展示事業」というものがある。これは繁殖、乗馬いずれの用途にも供されていない馬について、所有者が申請すれば一般のファンへの公開義務を条件に交付されるもので、10歳以上の馬を対象に、中央競馬の重賞勝利馬には毎月2万円、地方競馬のダートグレード競走勝利馬には毎月1万円が交付される仕組みだ。事業は軽種馬育成調教センターから引き継ぐ形で、2013年度よりジャパン・スタッドブック・インターナショナルが実施している。

また近年では、引退競走馬の養老・余生などに関する取り組みを行なっている団体に活動奨励金を交付する事業を、JRAをはじめとする競馬関係者で組織される、「引退競走馬に関する検討委員会」および一般財団法人「Thoroughbred Aftercare and Welfare」が実施している。

養老馬は、働くことなく、のびのびと余生を過ごすことができる。しかし経済活動に参加していない、つまりお金を生み出していないため、生き続ける限りは支出があるのみだ。馬の寿命に関して正確な統計は存在しないが、一般的には25歳〜30歳程度と言われている。

多くの馬が3歳～6歳くらいまでに競走馬を引退することを考えても、その後の余生を養老牧場で過ごすとなれば、かなりの金額が必要になることは明白だ。

ここまで、数多くの引退後の進路について取り上げてきた。

この他にも獣医学の発展のために研究施設で飼養されている研究馬や、生産牧場で仔馬たちの面倒を見るリードホースなど、少数だがいくつかの道があることも付け加えたい。

さて、ここまでお読みいただいて、どう感じただろうか。競馬を引退したかなりの割合の馬たちは、ほぼ、もれなくどこかで元気にセカンドキャリア以降の余生を送っているという印象を持った方も、もしかするといるかもしれない。

しかし残念ながら、もしもそうであるならば、本書が執筆されることはなかっただろう。現在の競馬産業において、これらの進路を歩むことは、決して「当たり前」のことではないのだから。ではこれらの受け皿から漏れてしまった引退馬は、どこへ行くのだろうか。

第５章

生かすことだけが幸せか

家畜商という存在

多くの引退馬は天寿を全うできない

まずは左ページの図5―1を見ていただきたい。

これは2022年に「Loveuma.」を訪問したユーザーを対象に、引退馬問題についてのアンケート調査を行なった結果だ。アンケートでは、

「引退馬の現実は問題か」

「何が問題か」

「どのような解決策が考えられるか」

「支援をしているか」

を尋ねた結果、約1ヶ月半の間競馬や乗馬に関心のある人々を中心に、10代から70代まで合計363名の声が集まった。次ページのグラフは「何が問題か」についての選択肢と回答の割合を示したものである。

そのうえで、前章の79ページに掲載した、競走馬の引退後の進路をまとめた図4―1をもう一度見ていただきたい。2023年に競走馬登録を抹消された、1万1024頭の「その後」の進路についてだ。

前述のアンケートでは、引退馬の行く末にいくつもの問題があることが認識されている

様子が浮き彫りになった。しかし、引退後の進路をまとめた図を見ると、あくまで印象ではあるが、引退馬のセカンドキャリアが一定量確保されているように感じはしないだろうか。

79ページの図をじっくりと眺めると、一つの疑問が湧いてくる。

それは、「乗馬」へと進む馬の多さだ。

統計情報によれば、年間で2000~3000頭が新たに乗馬としてのセカンドキャリ

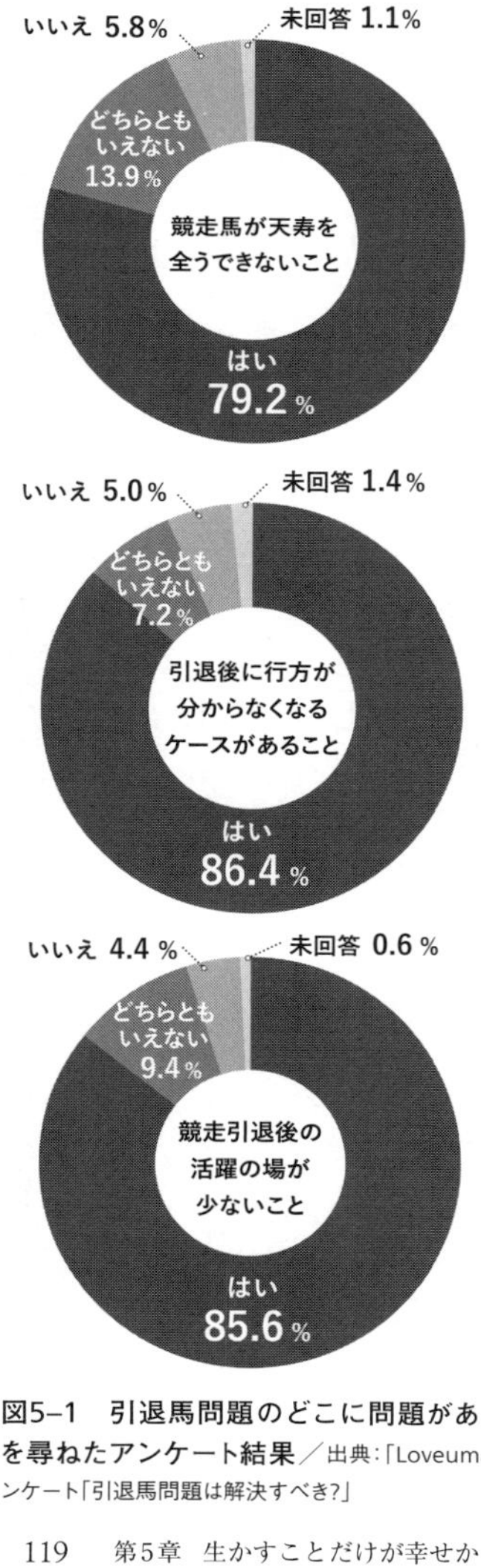

図5-1　引退馬問題のどこに問題があるかを尋ねたアンケート結果／出典：「Loveuma.」アンケート「引退馬問題は解決すべき?」

アを送っていることになる。だが、果たして本当にそれだけの頭数が乗馬として活躍しているのだろうか。

日本馬事協会が発行する「馬関係資料」(2022年発行)には、2010年の乗馬人口が約7万人、乗用馬の頭数が約1万5500頭と記載されている(図5―2)。なお、資料には2011年以降の統計データが存在しないことが明記されているため、ここではやや古いが2010年時点のデータを最新のものとして扱う。

この約1万5500頭の中には、サラブレッド以外にも、欧州から輸入された乗馬専用の品種の馬や、日本で乗馬に用いることを目的として育てられた馬なども含まれる。ここに、競走に特化したトレーニングを積んできたサラブレッドが割って入れる枠は、いったいどれほど残されているのだろうか。

そして当然ながら、乗馬クラブの馬房の数には限りがある。新しい馬が入ってくると、現役でクラブに所属している馬が居場所を追われることになる。つまり競馬を引退した馬が乗馬の道に進んだとしても、すぐに「乗馬の引退馬」が生み出されるのだ。

すでにお気付きかもしれないが、乗馬の市場規模では、全ての引退馬を受け入れることは非常に厳しいと言わざるを得ない。そもそも79ページの図しかり、引退馬の進路につい

単位：人

北海道	東北	関東	北陸	東海	近畿
8,194	7,413	25,712	429	4,486	16,123

中国・四国	九州	沖縄
3,493	4,796	342

計 70,988

単位：頭

北海道	東北	関東	北陸	東海	近畿
1,339	1,244	7,095	944	786	1,772

中国・四国	九州	沖縄
1,064	1,216	83

計 15,543

図5–2　乗馬人口と乗用馬頭数（2010年）

（日本馬事協会ホームページ「馬関係資料（令和2年4月）」をもとに作成）

ての統計は、実はセカンドキャリアまでしか存在しない。競走引退後に乗馬クラブに在籍すれば、当然ながら統計上では、その馬は「競走馬から乗馬用の馬になった」ことになるわけだが、その馬がクラブに来たことによって押し出されて「乗馬の引退馬」となった馬の存在は、統計に反映されない。また競走引退後に乗馬クラブに預けられるも、わずか数週間や数ヶ月などのごく短期間でクラブを後にすることになった引退馬がいたとしても、同じく統計には反映されない。クラブで乗馬として10年間働いた馬も、来て数週間でクラブを出た馬も、統計上ではどちらも同じく「乗馬」に分類される1頭なのだ。

実はこれが、引退馬問題を複雑にしている一因と言える。

まず、競走引退後の進路が「乗馬」とされているにもかかわらず、その実態は乗馬として使われず、短期間で「用途変更」となってクラブを後にする馬がいる。無論、その馬のセカンドキャリアは「乗馬」になる。では、その馬はその後どうなるのかと言うと、多くの場合は食肉になることが多いだろう。これが俗に言う「行方不明」を指す。

サードキャリア以降の統計が存在しないため、明確なエビデンスを示すことはできないが、私自身、映画制作から「Loveuma.」を運営する現在まで、競馬・乗馬関係者との会話の中で、この話は「当たり前」のように耳にしてきた。もちろん、乗馬で活躍する引退馬たちもいる。だが、この〝からくり〟は、馬事業界では周知の事実であり、引退馬問題を考えるうえで非常に重要だ。

図5−1（119ページ）のアンケートに戻ると、「競走馬が天寿を全うできないこと」には、79・2％の人が「はい」と回答していた。

また「競走馬として生まれたにもかかわらず、食肉（動物の餌《えさ》を含む）になるケースがあ

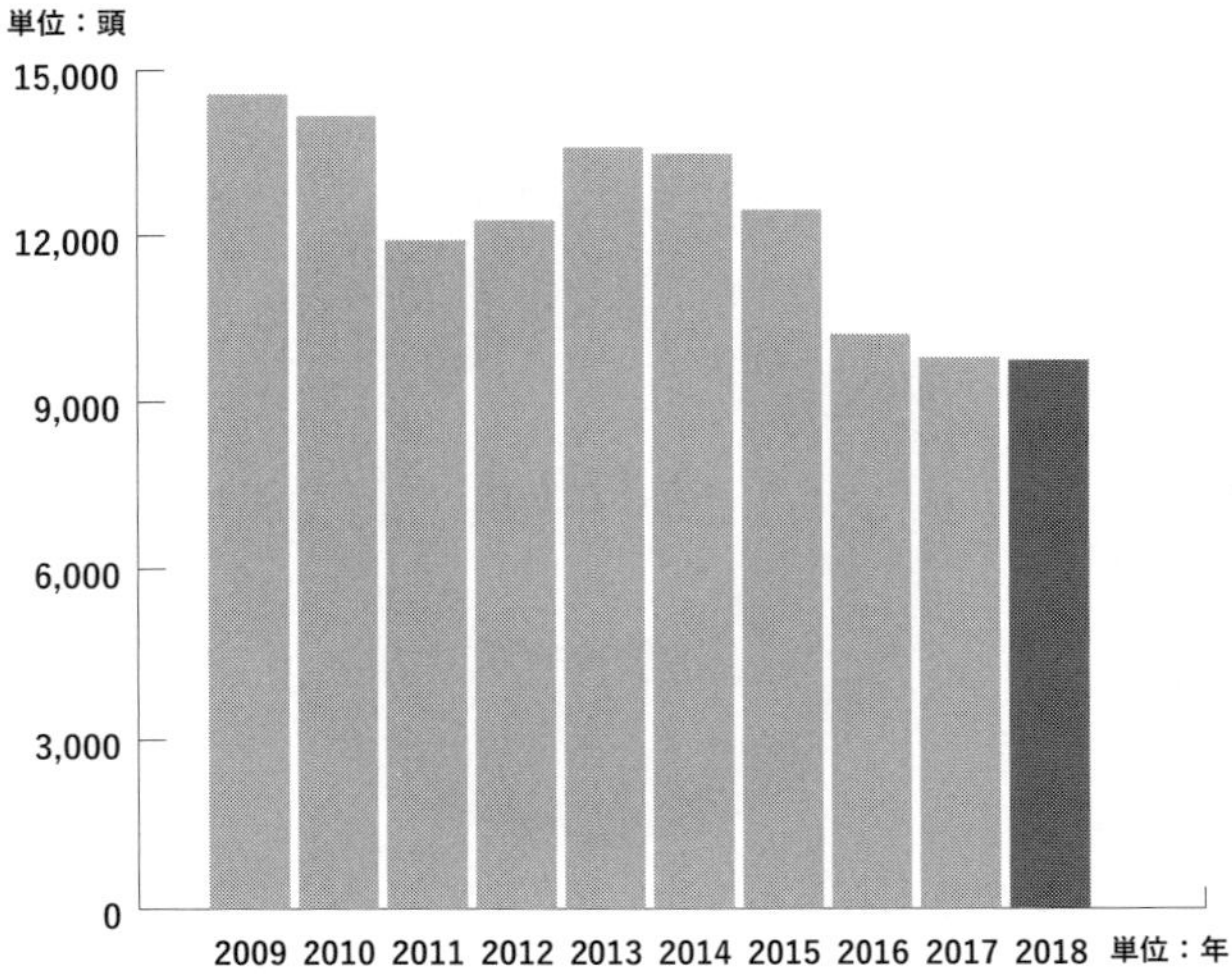

図5–3　国内における馬のと畜頭数の推移
（日本馬事協会「馬関係資料（2022年）」をもとに作成）

ること」という項目では、72・2％の人が「はい」と答えている。

この設問で「どちらともいえない」と答えた人の自由記述では、「牛や豚なども食べているのに馬だけが否定されるべきではない」「馬肉は文化として必要」「産業を守るべき」という声も見受けられた。だが、多くの人はやはり競馬で走るために生まれてきたにもかかわらず、人間の都合で食肉にされる現実に違和感を覚えているようだ。

食肉への道

では、いったいどれくらいの数の

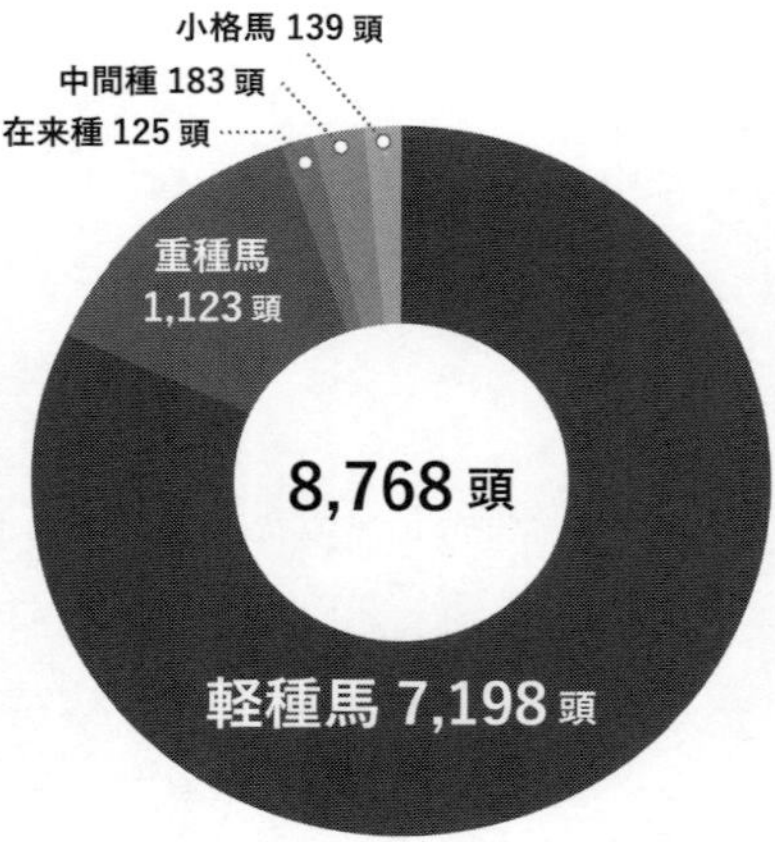

図5–4　国内の馬の生産頭数と品種の内訳（2018年）
（日本馬事協会「馬関係資料（2022年）」をもとに作成）

サラブレッドが食肉になっているのだろうか。

元競走馬のと畜頭数を直接表す数字は存在しない。そこで、日本馬事協会が2022年に発表している「馬関係資料」に記載される数字をもとに考えてみよう。

同資料において同一世代を比較できるデータは2018年のものが最新のため、ここではその数字を紹介する。2018年のと畜頭数は9761頭。食肉を目的とした馬の輸入頭数は4678頭だ。つまり、5083頭の内国産馬がと畜されたと推測できる。

次に同年の生産頭数を見てみたい。2

０１８年に国内で生産された馬を種別に見ると、競走馬として生産された軽種馬が７１９８頭（内訳：サラブレッド７１９２頭、アングロアラブ６頭）で、食肉・農用・ばんえい競馬に使われる重種馬が１１２３頭、国内の特定の地域で飼養されている在来種が１２５頭（御《み》崎《さき》馬、トカラ馬、宮古馬、与那国《よなぐに》馬を除く）、中間種と呼ばれる乗用馬が１８３頭、ポニーなどの小格馬が１３９頭だった（図５―４）。

　このことから、競走馬になる「軽種馬」は、全体の約82％にのぼる計算になる。

　正確な数字を出すことはできないが、この２つの統計をもとにして、引退競走馬のと畜数を推測してみたい。

　まず、先に農林水産省のデータに基づいて述べた通り、２０１８年には５０８３頭の内国産馬がと畜されたことが推測される。同年の生産頭数のうち、競走馬である軽種馬の頭数は全体の82％だ。

　同年のと畜・生産の頭数であるから、生産頭数の数字はあくまでも一つの目安でしかないが、これらの情報をもとにすると、２０１８年には５０８３頭の８割、つまり約４０００頭のサラブレッドがと畜されたと仮定できる。

長岡食肉センター

命を扱う現場

映画の制作時に、私は新潟県長岡市にある長岡食肉センターに取材協力をいただいた。

同作では、競走馬の一生に携わるさまざまな産業に従事する人たちにカメラを向けているのだが、取材の交渉で最も難航したのが、他ならぬこの食肉センターだった。

私はインターネット検索、新聞記事検索、馬事関係者への聞き込みなど、あらゆる手を尽くして全国の食肉センターをリストアップし、片っ端からコンタクトを取った。しかしそのほとんどから返事は返ってこず、ごく稀に断りの返事をいただくことが繰り返された。気付けば半年以上の月日が流れ、他のシーンの撮影が次々と完了し、最初に動き始めた食肉業者への取材だけが最後に残された。

映画では、引退馬がと畜されるのが悪いことだというメッセージを発信しているわけでは決してない。だが、馬肉文化の推奨や食肉産業のPRにつながるわけでもない。つまり先方にとってほぼメリットのない提案になるわけで、取材交渉が難航するのは当然のことだった。

だが、引退馬問題をテーマにしたドキュメンタリーを作るうえで、食肉の現場はどうしても避けては通れない、絶対に撮影しなくてはならないセクションだった。

そして、私たちがやろうとしていることの難しさを実感したのは、連絡が返ってこなかったり、断りの一報をもらったりすることだけではなかった。取材交渉を重ねていたある日のこと、知り合いの馬事関係者の一人から電話があり、次のような助言をいただいた。

「最近、馬のと畜について嗅《か》ぎまわっている人がいるという噂が流れている。時期を改めた方がいい」

相手からすれば、素性の知れない人間が業界の内部を覗こうとしているのだから、不信感を持たれても致し方のないことだろう。

そんな中で、2018年8月に私たちは長岡食肉センターの協力のもと、撮影を行なうことができたのだが、同社が取材に応じてくれたのにはいくつかの理由があった。

一つには、長岡市の「フィルムコミッション」という公営団体に相談したところ、過去に同地域で食肉（牛）をテーマにしたドキュメンタリーが撮影されたことがあり、心象的なハードルが低く、すぐに交渉に動いていただけたこと。二つ目は、業績の不振から会社が市営から民営へと切り替わるタイミングであり、取材協力をすることで従業員に対して「自分たちの仕事は、命を扱う誇りある仕事である」という認識を持ってもらうためのきっかけになると、経営陣が考えたことだった。

こうした事情が働いたことが決め手となって、取材交渉から1年以上の時を経て、撮影を行なうことができた。同社には本当に感謝してもしきれない。

映画の中では、同社に勤めるその道30年の大ベテラン・関眞《せきまこと》さんに、と畜の工程を説明していただいた。

馬運車で食肉センターに運ばれてきた馬は、搬入口から施設内へと連れられる。初めての場所で、かつ本能で感じとる異様な雰囲気に興奮する馬が多いため、一度係留《けいりゅう》所《じょ》に繋ぎ、興奮が収まるのを待つ。搬入時の馬の様子を、関さんはこう語る。

「やっぱり、ある程度わかるんじゃないかなと。馬は特に。頭がいいので。（馬運車から）降りないのもいるし」

馬は私たちと意思疎通のできる、とても頭のいい動物だ。とくにサラブレッドは環境の変化や物音に敏感だ。自身の行く末を察するということなのだろうか。

鉄扉で仕切られた枠

その後、電動の厚い鉄扉で仕切られた枠へと連れていき、スイッチを押して扉を閉める。

「これ（鉄扉を閉める）をしないと、馬は特に暴れるんです。ここへ入れた時点で、涙を流す馬も何度か見たことがあります」

馬を入れた枠は吹き抜けとなっている。上部へと移動した職員が、馬の眉間にボルトガンを撃つ。

「馬をやる時は、私は目を見るのが嫌なんで、目隠しをして撃つようにしています。仕事と割り切らないと、とてもじゃないけどこういうのは、やれない仕事なんでね」

電流によって意識を奪われた馬は、即座に頸動脈《けいどうみゃく》を切られ、血を抜かれる。その後、天井から吊り下げられ、解体へと移っていく。

唯一映せなかった職業

このようにして、馬は肉へと姿を変えていく。だが、食肉に転用する馬は、一般的にはと畜場に運び込まれる前に、家畜商や肥育業者に引き取られることが多い。

彼らは主に競走馬登録を抹消された馬を買いつけて、食肉業者に仲介することを生業《なりわい》としている。一般的には聞きなじみのない職業だが、馬事業界には古くから存在しており、業界人であれば必ず知っている存在だ。しかし、他の産業従事者に比べるとスポットライトが当たることは少なく、家畜商の方々が過去にメディアに出演したこともほぼないと言っていい。恐らくそれは、「馬の廃用」という業界のアンタッチャブルな部分と直接関わる仕事だからだろう。

本書で何度か登場している生産牧場レイクヴィラファームの岩崎さんも、家畜商との付き合いについて、「業者」という表現で次のように語っている。

「例えば貰い手が見つからなかった繁殖牝馬や、高齢になり（運動量が求められる）リードホースの仕事が難しくなって廃用になった時には、業者さんを呼んで連れていってもらうのですが、その際は無償でお渡しししています」

日頃どれだけ馬を大切に思っている牧場や馬事施設でも、馬を廃用にしなければならない時があり、その場合の多くは家畜商の方に引き取りを依頼する流れが業界の常識となっている。それは業界に生きる人にとって必要なことだが、世間一般に語られることはない。映画の撮影時にも、家畜商の方にコンタクトを取り、お話を伺ったことがあった。しかしその時は何度お願いをしても、出演いただくことは叶わなかった。

「俺たちは表に出るような仕事じゃないから」

そう言っていたのが深く心に残った。

家畜商の役割とこだわり

しかし映画の公開後も、私は彼らの声を届けることを諦めきれなかった。世間一般に語られないからこそ、誤解や偏見が生まれる。だからこそ私は当事者の方に話を聞き、それを伝える役目を果たしたいと思っていた。

私は当時とは別のルートから、中部地方で家畜商を営むXさんに取材のオファーを行なった。結果として、社名と氏名、顔写真の掲載を控えるという条件ながら、なんと無償で取材に協力をしていただけることとなった。Xさんは競馬業界を出た繁殖馬や、乗馬クラブを出たサラブレッドなどを中心に年間200頭以上の馬を取り扱う家畜商である。

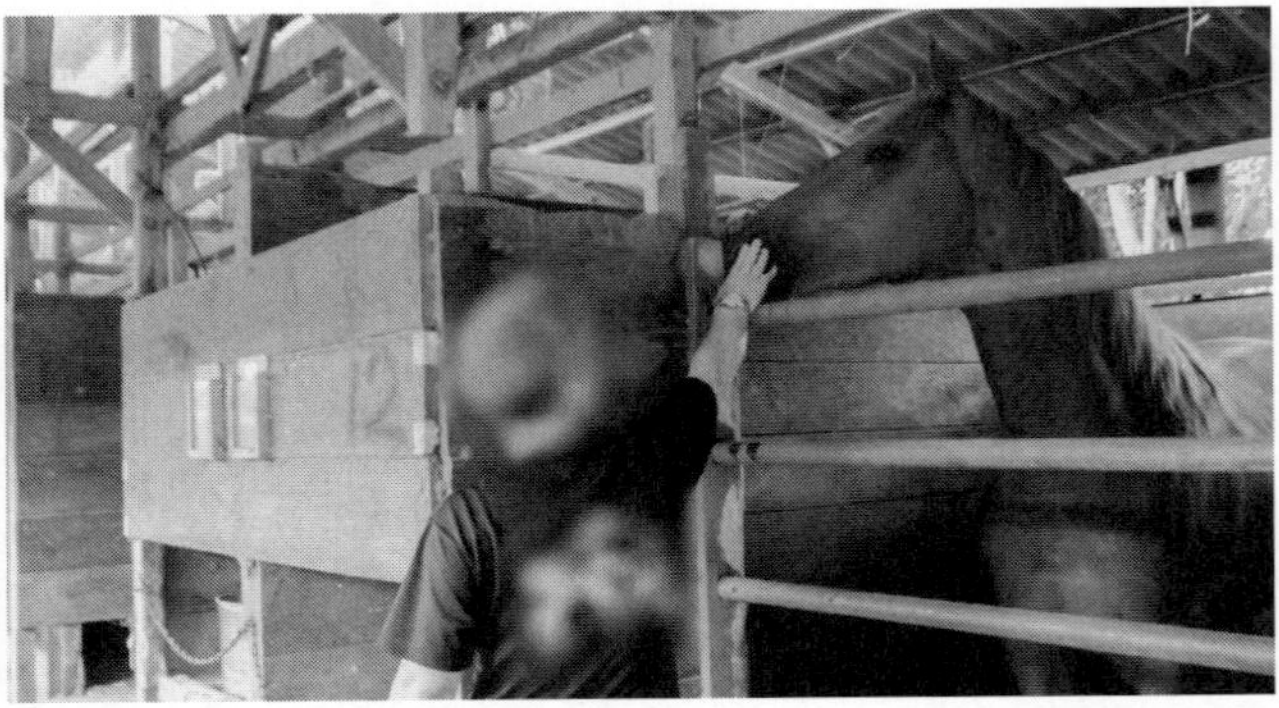
家畜商のXさん

家畜商の仕事は、引退馬の命をつなげるという前提に立つ引退馬支援の立場の、対極にあると言っていい。

なぜXさんは、取材に協力してくれたのだろうか。

それは、家畜商という職業に対して、主に引退馬支援を推奨している人たちからの誤解や偏見をXさん自身が強く感じており、自身の仕事の姿勢や事業の内情を正しく発信することが、その状況を打開することにつながると思ったからということだった。

現に動物愛護団体を中心として、引退馬をと畜することや、そもそも競馬を開催すること自体への反対を唱えている人は存在する。海外では、2023年にイギリス・エイントリー競馬場で行なわれた世界最高峰の障害レース「グランドナショナル」で、動物愛護団体のメンバーがコースに侵入し、発走時刻が大幅に遅れるという事件も発生した。そうした人々から見れば、Xさんのような家畜商の存在は批判の対象になることも容易に想像ができた。

だが、日本の馬事業界における馬のライフサイクルを考えれば、家畜商はなくてはならない存在だと、ここで強調しておきたい。仮にその職業自体が失われてしまうと、数えきれないほどの馬が行き場を失くし、「不法投棄」される馬も出てきてしまうだろう。

Xさんの施設には常時40頭ほどの馬がいる。競走馬や乗馬、あるいは繁殖馬として不要と判断された馬を、それぞれの繋養施設から引き取ってくるのがXさんの業務の一つだ。ほとんどが食肉用途であり、出荷に向けて肥育を行なっている。他にも乗馬クラブからの依頼で馬術競技会場への輸送や、地域の祭りに馬を貸し出す仕事も請け負っている。

繋養されている馬の多くはいずれと畜される運命にあるが、その飼養管理にはプロとしてのこだわりがある。

「今ここにいる馬たちの命を数ヶ月後に断つことが幸せなのかどうかは、実際にはわかりません。ただ一番大事にしているのは、せめて私のところにいる間だけは、うちに来てよかったと思われるような扱い、管理をすることです」

Xさんの元で飼養されている馬

大して手をかけず、放置に近い状態で飼養する同業者もいるそうだ。無論、最終的にはその業者の馬も、Xさんが預かる馬も、迎える最期は同じだ。

それでも「せめてうちにいる間だけでも、快適な環境で過ごさせてやりたい」という一心で、Xさんは馬房の掃除をし、飼桶《かいおけ》や水桶を毎日洗って清潔に保つ。

その根本にあるのは「馬が好き」という気持ちだそうだ。日々馬の状態を観察し、健康管理に気を配り、最善の形で自らの手を離れる仕事をすることを心がけているという。

Xさんの仕事は、馬事業界で需要がなくなった馬を市場や直接取引で購入し、100日ほどの肥育期間を経て、食肉業者へと引き渡すことだ。話によると、近年は競走馬登録を抹消された馬をトレセンから直接仕入れることは少なくなったそうだ。それは家畜商を介さずに直接乗馬クラブに寄贈する形をとるなど、一旦牧場に出してワンクッションを置く競馬関係者が多くなったからだという。

一度は乗馬にという名目で競走を引退した馬も、本当に乗用馬になっているかは定かでない。全てのケースに当てはまるわけではないにせよ、「乗馬」が「廃馬（肉になること）」の隠語になっているとX氏は語っていた。

取材をした2021年7月当時の、仕入れる馬の内訳も尋ねた。

3歳未勝利馬が60〜70％、5〜7歳のケガなどが理由で引退した馬、および1勝クラス馬が20〜30％、乗馬クラブから出された10歳以上の馬、および元繁殖馬が10％以下、その他（未登録馬、未出走馬、北海道から仕入れた馬、元乗馬など）が10％以下だという。

経産牛（出産を経験した牛）と若い牛では肉質が違うように、馬も出産を経験すると単価が下がるが、商売上の付き合いもあり、繁殖牝馬を引き取ってくるケースもわずかにだがあるらしい。

もちろん、年や時期によってこれらの割合は変動するが、3歳未勝利戦が終わる時期になると、仕入れる馬の割合としても、3歳馬が一段と増える。

また、サラブレッドの肉はどれだけ長い期間肥育しても、サシが入らないのが特徴だという。

「サラブレッドはどこまでいっても赤身です。ただ脂《あぶら》がないぶん、赤身肉はヘルシーでさっぱりしているので、食べやすくとっつきやすいです。ただ（サシを好む）九州では商品としての価値は下がり、単価も（他の品種の肉より）安いんですよ」

Xさんの主要顧客は有名な馬刺し業者だが、サラブレッドの肉は、人間の食用以外に、動物の飼料になることも多いという。

馬の引き取りを断る

取材時には、こんなエピソードを聞かせてもらった。

ある時Xさんのもとに、地方競馬で名を馳せたことのある馬が入厩《にゅうきゅう》してきたことがあった。北海道のとある牧場からXさんのもとへとやってきた21歳のその牡馬には、一人の女性ファンがついており、彼女は以前の繋養先にも何度も足を運んでいたという。

その女性からXさんのもとに、「馬を引き取りたい」という連絡があった。コロナ禍で飲食業界が打撃を受け、馬肉の値段が下がっていた頃だった。

「その女性はいきなり、『今、肉の値段は安いですよね？』と言ったんです」

この言葉に、Xさんは言い知れぬ怒りを覚えたという。

「仮にこの馬が無償でここに来ていたとしても、輸送費などの経費がかかっているわけで、タダであってもタダではない。それがわからないこと自体が、僕の言葉で言うと素人です」

風向きが悪いと察したのか、女性はいくらなら売ってくれるかと打診した。

「100万円と言ったら買えますかと聞いたら、買えませんと答えるわけです。その段階で、買う資格はないと思いました。僕が仮に100万円で売ったとしても、馬の飼養管理の素人であるその女性が、果たして馬を良好な状態で管理できるか不安でした。2つの選択肢のうちどちらを選んだとしても、僕の本意ではないので、今回は諦めてほしいと断りました」

依頼を断ったあと、Xさんはなぜ北海道の牧場にいる間に引き取りを申し出なかったのかと女性に尋ねたという。

すると女性は、その馬の残りの馬生と自分の財布の中身を計算したのだと答えた。

「今21歳なら、寿命はあと2～3年くらいかもしれない。それなら預託料が月10万円だとしても、最期まで命を全うさせてあげられるかなと計算しているわけです。そんなことを考えて自分の子どもを育てる親はいるのかという話ですよ。自分の好きな馬なのに、本当に馬を愛する気持ちがあるのか疑問に感じました」

結局、その馬が引き取られることはなかった。

「ファンに引き取られて、ちゃんと飼養管理もされないでストレスを抱えて生きていくのがいいのか、それとも食肉に持っていくのがいいのかを考えて、僕は後者を選択しました」

Xさんの提示した金額は、相手の覚悟を問う意図があったのだろうと想像する。また無論、これはXさん側の証言であり、この女性の側にもここにはない言い分や事情があったのかもしれない。そのことに留意しつつも、馬生というものを考えるうえで、この話は強く印象に残った。

馬にとって本当の幸せとは

私は「全ての馬を生かしておくことが幸せなのか」というXさんの言葉がずっと心に残っている。

これは競馬産業に携わっている人や、引退馬の行く末を憂う人たちの間でも、意見が大きく分かれるところだろう。

Xさんが思うところを、もう少し詳しく聞いてみた。

「乗馬クラブの練習馬が、素人のお客さんをポコポコ乗せて楽しませていますよね。その様子を人間の子どもに置き換えると、子どもにあれをやっちゃダメ、これをやっちゃダメと、多くの制限を課している状態です。社会人でも、サラリーマンとして勤めていける人とそうではない人がいますよね。馬も一緒なんです。（人間が課した規制に）耐えていける馬でないと、練習馬として成り立ちません。我があってはいけないですし、餌の量を減らして稼働時間を長くしたり、過度な運動をさせたりして、必要以上に暴れないようにしているのが練習馬です。それを単純に、生きているから幸せという表現一つで片付けてしまうのは、私たちの立場からすると大きな問題だと思っています」

一定の制限がある人間の管理下で、経済価値を生み出しつつ、長く生きることが幸せなのか。はたまた、残された時間の中で、清潔な住処《すみか》でおいしい餌を食べ、食肉として人に供されることが幸せなのか。

馬が実際にどう思っているのかを、私たちは知ることができない。それゆえに、人は人の価値観で判断せざるを得ず、真にどちらか一方を正しいと決めることはできない。

また、適切な飼養管理下に置かれていること、いわゆるアニマルウェルフェア（動物福祉）に配慮された環境で過ごしているかどうかも大きな論点の一つだが、これもそれぞれに言えることだ。1日に何鞍も人を乗せてボロボロになってしまう乗用馬がいれば、手入れが行き届いた馬房で栄養バランスのいい食事を与えられ、パドックなどに放牧されて適度な運動ができる肥育馬もいる。もちろんスタッフや会員に可愛がられながら、馬の負担を考えて、仕事の量を制限されながら穏やかな日々を送っている乗用馬もいるだろう。

馬は原則として「人の役に立つこと」が生きる条件になっている。何をもってその馬が幸せなのかは、それぞれの人の価値観の中でしか判断できない。

私はXさんの話で、もう一つ印象に残ったことがある。

実は、Xさんには最期を看取った馬がいるという。自身が家畜商として独立した際に、はじめに趣味で買った馬で、家族のような存在だったという。

しかし、その馬を厩舎に入れるということは、すなわち商売に使う馬房を一つ潰すということだ。

「ところてん方式でいったら、いの一番にはき出さなければならないのがその馬でしたが、家族みたいな存在になっていましたし、とても葛藤しました。生きて元気なうちに自分の手から離そうと何度思ったことか。でもこいつが今の商売の原点、起点になっていましたし、自分をホースマンとして見てくれる人が周りにだんだん出てきたのも、こいつがいてくれたおかげだと思ったから、せめてもの恩返しで、最期まで面倒をみて看取りました」

Xさんとその馬は23年もの時を共に過ごし、馬は27歳で息を引き取った。家畜商のプロとして生きるXさんだが、それでも命を扱う以上、常に葛藤の中にいる。

「やっぱり自分の中で何かがあるんだね。自分で馬を手塩にかけて、世のため人のためと商売をしているだけで。馬刺しは決して好きではないし、食べようとは思わないです。人にはおいしいから食べてごらんと薦めてはいますけど、自分から喜んでは食べないです」

馬のライフサイクルに密接に関わるXさんの言動から、考えさせられることは多い。人が抱く感情と産業が生んだ現状、それは時として深刻な矛盾や葛藤を生み出す。

前述した通り、競走馬だけでも毎年7000〜8000頭の馬が生産され続けている。その全てを生かし続けることは、馬を飼養できる人材や場所の多さ、生かし続けるための財源、食肉産業の中で生計を立てている人の存在など、あらゆる要素を鑑みても、極めて困難なことだと言わざるを得ない。

食肉への道というのは、引退馬という競馬産業の課題を考えるうえで決して避けて通ることのできない、しかしとりわけセンシティブな問題だ。取材を受けていただいたXさんに改めて感謝したい。

余生があっても馬を生かし続けることは、私たちが想像している以上に難しい。いったい、それはなぜなのだろうか。

第６章

命と経済

生かし続けることはなぜ難しいのか

現役競走馬はどれほど稼げるのか

「引退馬をなぜ生かし続けることができないのか」

この問いを考えるうえで避けて通れないのは、引退馬の「経済性」ではないだろうか。第4章で、現役を引退した後に何らかの形で人間の経済活動や社会活動に参加して次のキャリアで生きる、さまざまな道を紹介した。それ自体はなくてはならない、貴重な引退馬の「受け皿」に違いない。しかし、現役時と引退後を比べて、サラブレッドの経済価値にどれくらいの差が生まれるのかは、これまであまり表立って語られてこなかった。

この章では「余生があってもなぜ生かし続けられないのか」の答えを求めて、引退馬の経済性について掘り下げていきたい。

まずは引退馬になる前、すなわち現役馬の頃を見ていこう。

デビューを控える若駒は、馬主たちの夢を背に、数百万円から最大で数億円にのぼる金額で取引される。日本最大規模の馬市である日本競走馬協会の「セレクトセール」では、2024年の1歳馬セッションの落札頭数が224頭、売却総額は144億9700万円にのぼった。1頭の平均価格は6471万8750円。最高取引価格はデルフィニアⅡの2023（父キタサンブラック）の5億9000万円であった。

馬主に所有され、調教を経て競走馬となったサラブレッドは熾烈な競争の中で生きていくわけだが、レースで上位に入着すると賞金を得られることは周知の通りだ。現在の中央競馬で最も賞金が高いレースはジャパンカップと有馬記念で、それらのレースを制覇するとそれぞれ5億円の賞金を得ることができる（馬主、調教師、騎手、厩務員の間で金額が配分される）。また1着でなくとも、有馬記念なら2着2億円、3着1億3000万円、4着7500万円、5着5000万円と、5着までに賞金が与えられる。

もちろんこの金額は、日本最高峰のレースの話だ。競馬のレースはGⅠを最高峰にしてGⅡ、GⅢという、個別で賞金が決まっている重賞競走を筆頭に、その下にリステッド競走、オープン、3勝クラス、2勝クラス、1勝クラス、新馬・未勝利というように格付けが行なわれている。最も下級条件である未勝利戦の賞金は1着で550万円、5着までの総賞金は1048万円である。詳しくは次ページの**図6―1**をご覧いただきたい。

こうした賞金の他に、出走手当としてそのクラスの1着の賞金に所定の比率を乗じた額が支給される。

また、競馬ファンの間ではあまり知られていないかもしれないが、競走馬を所有することでもらえるさまざまな手当がある。その中には「事故見舞金」と呼ばれるものがあり、

平地 2 歳 第 1 着本賞　　単位（万円）

競走クラス	一般競走	特別競走
リステッド競走	―――	1,700
オープン（リステッド競走以外）	1,150	1,600
1 勝クラス	780	1,070
新馬	780	―――
未勝利	780	―――

平地 3 歳 第 1 着本賞　　単位（万円）

競走クラス	一般競走	特別競走
リステッド競走（芝）	―――	2,000
リステッド競走（ダート）	―――	1,900
オープン（芝、リステッド競走以外）	1,350	1,900
オープン（ダート、リステッド競走以外）	1,350	1,900
2 勝クラス	1,060	1,450
1 勝クラス	780	1,070
新馬	620	―――
未勝利	550	―――

平地 3(4) 歳以上 第 1 着本賞　　単位（万円）

競走クラス	一般競走	特別競走
リステッド競走（牝馬限定以外）（芝 1,800m 以上）	―――	2,800
リステッド競走（牝馬限定以外）（芝 1,800m 未満）	―――	2,700
リステッド競走（牝馬限定）（芝 1,800m 以上）	―――	2,700
リステッド競走（牝馬限定）（芝 1,800m 未満）	―――	2,600
リステッド競走（ダート）	―――	2,400
オープン（芝、リステッド競走以外）（芝 1,800m 以上）	2,100	2,400
オープン（芝、リステッド競走以外）（芝 1,800m 未満）	2,100	2,300
オープン（ダート、リステッド競走以外）	2,000	2,200
3 勝クラス	1,780	1,840
2 勝クラス	1,140	1,550
1 勝クラス	880	1,110

図6–1　中央競馬の条件別賞金一覧（重賞競走、障害競走を除く）

（JRAホームページをもとに作成）

その名の通り、競走馬に万が一があった時に受け取れる手当だ。図6—2にその一覧をまとめた。

例えばレース中の不慮の事故で競走馬が死亡した場合には685万円、調教中の事故で死亡した場合は670万円が支払われる。

この見舞金制度について、中央競馬の馬主である塩澤正樹さんは次のように語る。

「例えば2000万円で馬を購入した場合、デビューするまでの維持費が1000万円以上だとして、まず合計3000万円がかかります。それでデビュー戦を勝って800万円近くの賞金が入ってきますが、もし次のレース中に故障して死んでしまったら、見舞金685万円という数字だけを見ると、割に合わないんですよね。難しいところです」

この話からも、競走馬を所有してプラス収支になることは決して容易ではないことがわかる。

あくまでも塩澤さんの場合だが、1頭の競走馬を購入するうえでの「損益分岐点」は2000万円に設定しているとのことだ。馬が2勝すれば収入は大体2000万円ほどで、それで購入代金と維持費が何とかなるという。一方で2000万円以上の馬を買うと、多くの場合採算が合わなくなってしまうそうだ。4000～5000万円で購入した馬にな

単位（万円）

事故の種類（要約）	見舞金の額
競走中の事故により死亡、または安楽死の処置を受けた場合	685
調教中または輸送中の事故により死亡、 または安楽死の処置を受けた場合	670
競走中の事故により競走能力を喪失した場合	650
調教中または輸送中の事故により競走能力を喪失した場合	635
競走中の事故により事故発生の日から 1年以上出走できなくなった場合	410
調教中または輸送中の事故により事故発生の日から 1年以上出走できなくなった場合	395
競走中の事故により事故発生の日から 9カ月以上出走できなくなった場合	380
調教中または輸送中の事故により事故発生の日から 9カ月以上出走できなくなった場合	365
競走中の事故により事故発生の日から 6カ月以上出走できなくなった場合	330
調教中または輸送中の事故により事故発生の日から 6カ月以上出走できなくなった場合	315
競走中の事故により事故発生の日から 3カ月以上出走できなくなった場合	265
調教中または輸送中の事故により事故発生の日から 3カ月以上出走できなくなった場合	250
JRAの施設内で、疾病、負傷、天災地変、火災、 暴動等により死亡、または安楽死の処置を受けた場合	660
JRAの施設内で発生した腱炎（屈腱炎を除く）、骨膜炎、 内臓疾患などにより、出走経験のある馬が該当疾病診断日から 6カ月以上出走できなかった場合（休養後の出走を要件とする）	190
JRAの施設内で発生した屈腱炎、蹄葉炎、 胸膜炎、変位疝により9カ月以上出走できなくなった場合	355

図6–2　中央競馬の見舞金一覧

ると、4勝してオープンクラスまで駒を進めない限り収支はマイナスになる。

維持費も1頭につき年間で約720万円。塩澤さんいわく、これまでの19年の馬主生活では「ちょっとしたビルが建つくらいには負けている」とのことだ。

2022年と23年度の年度代表馬で、破竹のGⅠ6連勝を果たしたイクイノックスがドバイシーマクラシックをレコードタイムで制するなど、近年は日本馬がアメリカや中東の賞金の高いビッグレースを制するニュースも多い。国内ではGⅠ勝利に手が届かなかった大逃げ馬・パンサラッサが2023年に日本馬史上初めてサウジカップを制覇し、当時のレートでおよそ13億1865万円という破格の賞金を獲得したことも記憶に新しい。

競走馬には潜在的に多大な経済性がある。賞金があるからこそ馬主は愛馬に夢を懸け、調教師をはじめとする関係者は出走する競走馬がベストな状態で臨めるよう手を尽くす。

一方で、「競走馬で稼ぐ」のは、損益分岐点を冷静に見極める必要のある、とても舵取りの難しいものだということが、塩澤さんの言葉から伝わってくる。

とはいえ競走馬は、競走して好成績を収めることで賞金を稼ぐという、非常にシンプルな図式であることは間違いない。

引退後に急落するサラブレッドの経済価値

では、現役引退後はどうだろうか。

競馬産業の中で生き続ける繁殖馬は別として、実はセカンドキャリアとして最もポピュラーな乗馬の道に進むとしても、経済性においては厳しいのが現実だ。

乗馬用にリトレーニングされていない馬は、血統の良し悪しや競走馬時代の成績はほぼ関係なく、時期や物価により変動はするものの、およそ30~50万円ほどで取引される。セレクトセールの平均取引価格と比較すると、100分の1程度だ。

そして、利益を生まない数ヶ月のリトレーニング期間を経て、乗馬の世界で人を乗せられるようになったとしても、競馬のように大きなお金が動くわけではない。数多の乗用馬の中には、練習馬から一流の競技馬までさまざまなレベルの馬が存在するが、たとえ乗用馬として大成しても、競走馬と比較すると経済性の面ではどうしても劣る。

例えば、障害馬術日本一決定戦の「全日本障害馬術大会」に組み込まれている「全日本障害飛越選手権」では、1位になった馬の所有者に、飼育奨励金として240万円が支給される。また、2位から6位までの入賞者にも同様の名目で支給され、1位から6位までの総額は473万円だ(2023年)。

ちなみに、乗馬への転用に限らず、競馬産業から出た馬は（繁殖馬などの別軸で経済価値を持つ馬以外）、先の通り30～50万円で取引されているようだが、これは、肥育業者との取引価格を基準として決定される場合が多い。つまり引退馬が次のキャリアに進もうとする時、食肉以上の価値を見出さなければならない、ということになる。

引退馬を支えるランニングコスト

引退馬の経済性を考えるうえでは、引退馬が生み出す収入のみならず、生き続けるために必要な支出についても考えなければならない。この支出が、引退馬のアフターキャリア拡充の障壁となっている。

競走馬として生産されるサラブレッドは、体重は４７０～５００kg、体高が１５０～１６５cmほどの大型動物だ。馬が過ごす馬房は一般的に４～８畳を確保しなければならず、十分な広さの放牧地も要る。１日で食べる牧草の量は、最低でも体重の１％以上が必要とされる。牧草は海外から輸入することが多く、仕入れ原価も不安定だ。また昨今では燃料費の高騰に加え、歴史的な円安など、世界の経済状況の影響を受けて輸入牧草の価格も高騰しており、預託料の値上げを検討・実施する牧場も多いと聞く。また馬は定期的に装蹄《そうてい》師《し》と呼ばれるプロを呼んで、蹄の手入れを行なわなければならない。

そして、馬はとても長く生きる動物だ。前にも触れたが、一般にサラブレッドの平均寿命は（正確な統計が存在していないので明言はできないが）業界では25～30歳と言われる。近年は30歳を超えても元気に暮らしている馬も少なくない。長生きすることは私たちの道徳観念上、素晴らしいことに他ならないが、当然生き続ける限り経費はかかり続ける。経済活動に参加している引退馬でも、高齢になると働くことは難しくなる。その一方で、医療費などは年々高くなっていく。

馬にも保険はある。損保ジャパン株式会社が発行している「競走馬保険」には、保険の対象となる馬の種類が記載されている。これによると、生後1ヶ月から2歳4月30日までの育成馬、ＪＲＡに馬名登録された2歳5月1日から10歳までの競走馬、3歳から17歳までの種牡馬・繁殖牝馬が保険の対象となるようだ。

また、農林水産省による家畜共済制度というものもある。家畜共済制度とは、多数の農業者が共済掛金を出し合って共同準備財産をつくり、災害が発生した際にその共同準備財産をもって被災農業者に共済金を支払う、相互扶助を基本とした制度のことだ。

この共済関係の成立条件は事細かに決められているが、繁殖用の牝馬や種牡馬以外の馬に関しては、17歳未満の馬であることが明記されている。共済金額についても記述があり、疾病障害共済の個別共済関係の場合では、50万円が上限となっているようだ。

例えば、所有馬が疝痛《せんつう》（腹痛）を起こし、開腹手術を75万円で行なった場合、上限いっぱいの共済金が支給されれば自己負担は25万円で済むが、18歳以上の馬であれば75万円を全額自己負担しなければならない。

人間の場合は社会保障によって保険治療が充実していたり、退職した後も年金などで一定の収入が確保されているが、日本の引退馬の場合、第4章で触れた「引退名馬繋養展示事業」といった制度を利用できる、優秀な成績を収めたひと握りの引退馬以外に、余生を保障する制度が存在しない。

例えば6歳で競走を引退した馬が、30歳まで養老牧場で余生を過ごすことになったとしよう。毎月の預託料が12万円だったとすると、24年間で３４５６万円の費用がかかる。ここに装削蹄費《そうさくていひ》、医療費などが別途生じる。

引退馬支援を行なっている人の中にも「働けるうちは働いて稼いでもらう」と言う人は多い。６歳で競走を引退しても、人を乗せることができるのならば、乗馬クラブでセカンドキャリアを過ごすことで、養老生活を短くして費用を抑えるということだ。

仮に20歳まで乗用馬として働き、その後10年間養老牧場で過ごしたとすれば、1440万円まで費用が抑えられる。見方を変えれば、競走引退時に引き取り手が決まり、長くセカンドキャリアを築くことができたとしても、これだけ多額の費用を誰かが補わなければ、引退馬は生きられない。

競走引退後に繁殖馬になろうが、乗用馬になろうが、その他どんなキャリアに進んだとしても、必ず第二、第三の引退が訪れる。そして、それが馬生のターニングポイントとなることは言うまでもない。

命に対する責任——渡辺牧場から考える

角居勝彦さんが珠洲市で運営しているような養老牧場は、馬が経済性を持たずに余生を送ることのできる牧場だ。

近年、ＪＲＡの「引退競走馬に関する検討委員会」と「Thoroughbred Aftercare and Welfare」（後述）が養老牧場への積極的な支援を行なっていることで追い風が吹きつつあるが、そもそも経済性のない馬を養うだけの養老牧場の運営は、ビジネスとしては非常にシビアであると言っていい。

渡辺牧場の渡辺はるみさん

養老牧場は、複数のオーナーからの預託料を収入とし、そこから経費を差し引いた分が牧場の利益となるが、血統の良い馬をつくり競走馬として売買する牧場が一度に大きな利益を生むのに対して、数字のインパクトはとても小さい。それでいて馬を繋養することには違いないため、有限である馬房を割り当て、飼い付け（飼葉《かいば》をやること）、放牧や収牧、削蹄や病気、ケガのケアをするなど、多くの人的リソースを割かなければならない。

北海道浦河町で養老牧場を営む、映画にも出演いただいた渡辺《わたなべ》はるみさんは、作中でこう話していた。

「養老馬を養っている人たちは、本当に一生懸命生活費を切り詰めて、自分で働いたお金を馬に回しておられるので、そういう意味で営利に走れないという部分はありますね。だから正直、先行きの不安はあります。どこまでやっていけるのかなという」

渡辺牧場は、もともとは生産牧場として戦前から競走馬の生産を行なっていたという背景を持つ養老牧場だ。1988年生まれの元競走馬ナイスネイチャが誕生し、最期の時を過ごした牧場として知られる。ナイスネイチャはGⅠ制覇にこそ手が届かなかったが、有馬記念で3年連続3着という珍しい記録を残し、1999年に券種「ワイド」の販売が開始された際にキャンペーンキャラクターにもなった有名馬だ。

渡辺牧場は、2010年に生産した3頭の馬を競馬馬として送り出したのを最後に生産を打ち切り、引退馬を飼養する事業に絞って、現在も養老牧場として経営を続けている。

「生み出した命に対する責任を感じています。責任の重さを」

渡辺さんのその言葉は、過去に自身の牧場が生産した馬が人を乗せられなくなり、働けなくなった場合には、その全てを引き取るというスタイルに表れている。

「人間でも自分の家族の死に目に立ち会いたいと思って、遠いところに住んでいたら駆けつけるじゃないですか。自分の家族がどこへ行ったのか、生きているのか死んでいるのかもわからない、行方不明になってしまったら、本当に不安な毎日を過ごさないといけない

埋葬の様子

と思うんです。それと同じだと思うんですよね」

しかし、そうして引き取った馬が利益を生むことはない。長く生きれば生きるほど、渡辺牧場の経営を圧迫する。

そこで渡辺さんは、多くの場合、生まれ故郷である牧場で少しの間ゆっくりと過ごしてもらった後、獣医師を呼んで安楽死処置を行ない、牧場の裏手にある、行政に許可を得た専用の墓地へと運ぶ。

葬儀では、パワーショベルで地中深くまで穴を掘り、寝藁《ねわら》を敷き、そこにゆっくりと亡骸《なきがら》を降ろす。見送る人々が穴の中へと入ってお経を唱え、花や生前の好物などを供えて、丁重に送り出す。

無論、苦渋の選択だ。だが、どこかで割り切らなければならない現実を前にして、自分の知らないどこかで苦しみながら死んでいくのなら、たとえ短い期間であったとしても生まれ故郷でのびのびと暮らし、最期を迎えてほしいというのが、渡辺さんの出した答えだった。

映画の取材は2018年8月に行なった。本書の執筆にあたって、その後について話を聞いたところ、2010年を最後に自家生産をやめたことで、現在は「苦渋の選択」をすることはなくなったという。一方で渡辺さんは「もし今も生産を続けていたら、とてもではないですが全頭の面倒は見られないですけどね」とも言っていた。その言葉から、引退馬が余生を送る難しさを、改めて突きつけられた気がした。

「安楽死処置」の判断基準

どれだけ馬への愛情があっても、お金がなければ養老馬を生かし続けることは難しい。そう考えると、家畜商のXさんが語った「生かすことだけが幸せなのか」という言葉がいっそう切実な問いとして浮かび上がる。

ここで、本書でも幾度か触れている「安楽死処置」とはいったいどういうものなのかを紹介させてほしい。

渡辺牧場の例に限らず、そもそも競走馬として生まれた馬の最期が安楽死処置になることは珍しくない。

第3章で、レース中のケガで安楽死処置が施された競走馬としてライスシャワーやサイレンススズカの名を挙げたが、レース中の故障や調教中の事故などによって安楽死処置を施されるケースもあれば、乗馬クラブや養老牧場にいる引退馬が病気になったり、老齢から起立不能になったりして安楽死処置が取られるケースもある。

引退馬問題とは、サラブレッドを経済動物だと割り切れず、一つの命として見ることから生まれたと言ってもいい。アニマルウェルフェアの観点からしても、命の終え方の一つである安楽死処置は、とりわけ重要なトピックだ。

まず、安楽死処置が取られる判断基準は具体的にどこにあるのか。

社台ホースクリニックの鈴木吏《すずきつかさ》獣医師によると、国内には馬の安楽死に関する明確な基準はないが、米国獣医学会（AVMA）が提唱する「動物の安楽死指針」に基づいて、米国馬臨床獣医師協会（AAEP）による「安楽死ガイドライン」と相違ない判断基準が用いられているそうだ。

その基準は4つあるという。

「一つ目は、慢性的かつ治癒不可能な状態で、コントロールができない痛みが持続する場合。痛い状況をずっと馬に味わわせてはダメということです。二つ目は、内科外科を問わず、手を尽くしても馬のＱＯＬ（生活の質）が確保できない状態である場合。三つ目は、生きている間、ずっと痛みをやわらげるための痛み止めを継続的に使わなければならない場合。そうなってしまうと舎飼《しゃがい》といって、ずっと馬房内での生活で、運動ができない状態になります。つまり馬が馬として生きていけない状態です。犬が散歩できなかったり、猫が自由に遊びに行けないのと同じだとイメージしてください。最後の四つ目は、神経障害などが原因で馬が興奮し、管理する人間が危ない場合です。これらに該当する場合は安楽死という判断をしていいのではないかと、ガイドラインでは提言されています」

全ての獣医師はこの基準をもとに判断を下しているのだろう。しかし、これらの判断基準に影響を与えるものがある。それが経済的理由だ。

「治療すれば何とか生きられるけれども、この後もずっと飼い続けられますか、という状況になることは珍しくありません。そういった馬を『かわいそうだから飼い続けます』と言えるような金銭的余裕のある人ばかりではないですよね」

たとえ命は助かったとしても、命が尽きるまで飼養管理費が発生する。馬のオーナーは、それを鑑みたうえで判断することになる。

馬への敬意の示し方として

安楽死処置とは実際、どのようなものなのだろうか。

それにはいくつかの方法があるとされているが、鈴木獣医師が勤務する社台ホースクリニックの処置について聞いてみた。

安楽死の処置というのは、基本的に全身麻酔と変わらないという。外科手術をする際などに用いる外科麻酔深度よりも、さらに深いところまで意識レベルを下げるという。

その具体的な手順はこうだ。

「まず馬の恐怖感を和らげるために鎮静剤を打ちます。次に別の2つの薬を使って、立っている馬を横に寝かせ(倒し)ます。これらは注射麻酔薬で、麻酔導入薬と呼ばれるものです」

ここまでは外科手術のそれと同じ手順だ。

「馬が倒れたら、呼吸と心臓を止めなければなりません。そこで、呼吸中枢である延髄《えんずい》を止める薬を投与して、麻酔をさらに深くします。そこに硫酸マグネシウムという薬を血管の中に高濃度で入れることで、心臓が止まって死に至る、という流れです」

特筆すべきは、心臓を止める薬と、呼吸を止める薬のそれぞれを投与していることだ。そこには見送る人たちへの配慮があるのだという。

「呼吸と心臓は、同時に止まってくれません。死ぬ時は呼吸も心臓も止まるんですが、呼吸には呼吸の中枢があって。意識がなくなって心臓もほぼ止まっているけれど『ヒュウッ』と息を吸うことがあります。それは意識とは別のところで、その中枢が働いているのかもしれません。

人間でも、『亡くなりました』と言われてお線香をあげている時に、亡くなった方が呼吸をされたら、抵抗感があると思います。だから馬の場合でも、しっかりと呼吸を止め、心臓を止めてあげて、最後にちゃんと確認をして、見ている方に心象的なショックを与えないよう気を配る必要があります」

共に生きた命の最期の瞬間に立ち会いたいと思うのは、人間同士に限らず、相手が大切な存在であるのならば自然なことだ。そして、それはきっと見送られる側も同じ思いのはずだ。

「個人的な感覚ですが、馬は安楽死される時に自分の仲間を探して周りを見ているような気がします。死に対する概念が人間と異なるとはいえ、何かを感じて自分の家族（仲間）を探しているように感じます。

命を絶つ方法はいくつもあります。それでも、最期の別れを穏やかなものとすることは、その馬だけでなく、馬を悼《いた》む気持ちを持った方たちも含めて、彼らへの敬意の表し方だと思っています」

それでも助けられる命はある

どれほど腕利きの医師であっても、救えない命はある。長年にわたって多くのサラブレッドの手術を行なうことで、安楽死に対する考え方は変わったのだろうか。

「数多くの経験をしてきましたが、こればかりは決して心が慣れることはありません。作業としては慣れても、心の中では『もっとやれることはなかったかな』『次に生かせることはないかな』と反省しています」

しかし、そうして生まれる後悔の念や反省が、次の命を救うことへもつながっていると言える。そして安楽死の処置が終わった後も、丁重に馬を弔《とむら》っているという。

「安楽死させた後は必ず手を合わせて、『本当にお疲れさん』『ゆっくり休んでね』と言ってお線香をあげています。おそらく、安楽死の処置を行なっている獣医師のほとんどが同じだと思いますよ。『他にしてあげられることはなかったかな』『ごめんね』と心の中で思いながら手を合わせています」

一方で、普段は北海道で仕事を行なう鈴木獣医師が遠方に飛んで手術を行なうこともあるという。また、各地の医療を目にしてきたことで、一つの課題を肌で感じるようになった。それは「馬の医療の地域格差」だ。

「国内の馬の医療はずいぶん発展しましたが、外科手術に関する分野だと、北海道以外では急患対応なども含めてまだまだ不十分だと感じています。国内の馬に対する外科手術がなかなか普及しない理由は、馬が北海道に集中していることが大きな原因です。ですから、北海道にいれば助かった可能性のある馬が死んでしまったというケースをたびたび耳にします」

地域格差によって十分に治療を受けられなかったり、そもそも治癒するかどうかが判断できないために安楽死させざるを得ないような状況を少しでも打開するために、何が必要か。そのために鈴木獣医師が始めたことの一つに、「馬好きさんのライト獣医学」というサイトの運営がある。

「日々の飼養管理から専門的な医療に関する知識まで、ウェブで情報発信をして、内地の獣医さんだけでなく、馬事関係者（オーナーや管理者）に知ってもらうことで、選択肢の幅を広げてもらうんです。一番大切なことは、現実的、かつ実施可能な選択肢を増やすこと。その実現と充実のために情報発信を行なっています」

とはいえ、現代の日本では競馬以外の馬事文化が少ないため、馬は経済動物としての側面が強い。そうすると、お金のかかる手術という選択肢はどうしても取りづらくなる。そして馬のオーナーが治療を希望しないことには、治療は進められない。

どうすれば少しでも多くの命を救うことができるのだろうか。最後に鈴木獣医師に聞いてみた。

「最終的には、オーナーの『助けたい』と思う心です。それには犬や猫がそうであるように、馬も愛玩動物だという考え方が広がっていくと、『何とかしてください』という声が増えるようになるかもしれません。

逆説的ではありますが、〝経済〟という言葉に縛られすぎていることもあると思います。競走馬だけでなく乗用馬も経済動物に含まれるでしょう。馬を調教したことのある方なら意味がわかると思います。馬に愛情を持ち、興味を抱き、馬が発する小さな変化や、わずかな訴えに気づかなければ、いい馬は育てられません。人の愛情が根底にあってこそいい馬が育ち、最終的にその馬の経済的価値が高められると思っています。経済動物といえども、今の日本社会の中で彼らの命の意義を確立させるためには、愛情が必要なんです」

業界でもとてもセンシティブな話題を、鈴木獣医師は真摯に語ってくれた。

他方、多くの馬事関係者を取材した身として思うのは、鈴木獣医師の考え方や実際の処置の方法は決して一般的なものではなく、全ての安楽死処分が同等のクオリティで行なわれているかは一考の余地があるということだ。この取材は2023年4月に行なったものので、当時から変化もあったそうだが、全体の水準が向上するのにはまだ時間が必要だろう。私は鈴木獣医師の取り組みが、本当の意味で業界のスタンダードとなっていくことを心から願っている。

第7章

それでも生かすために

引退馬支援・養老牧場・新たな産業の可能性

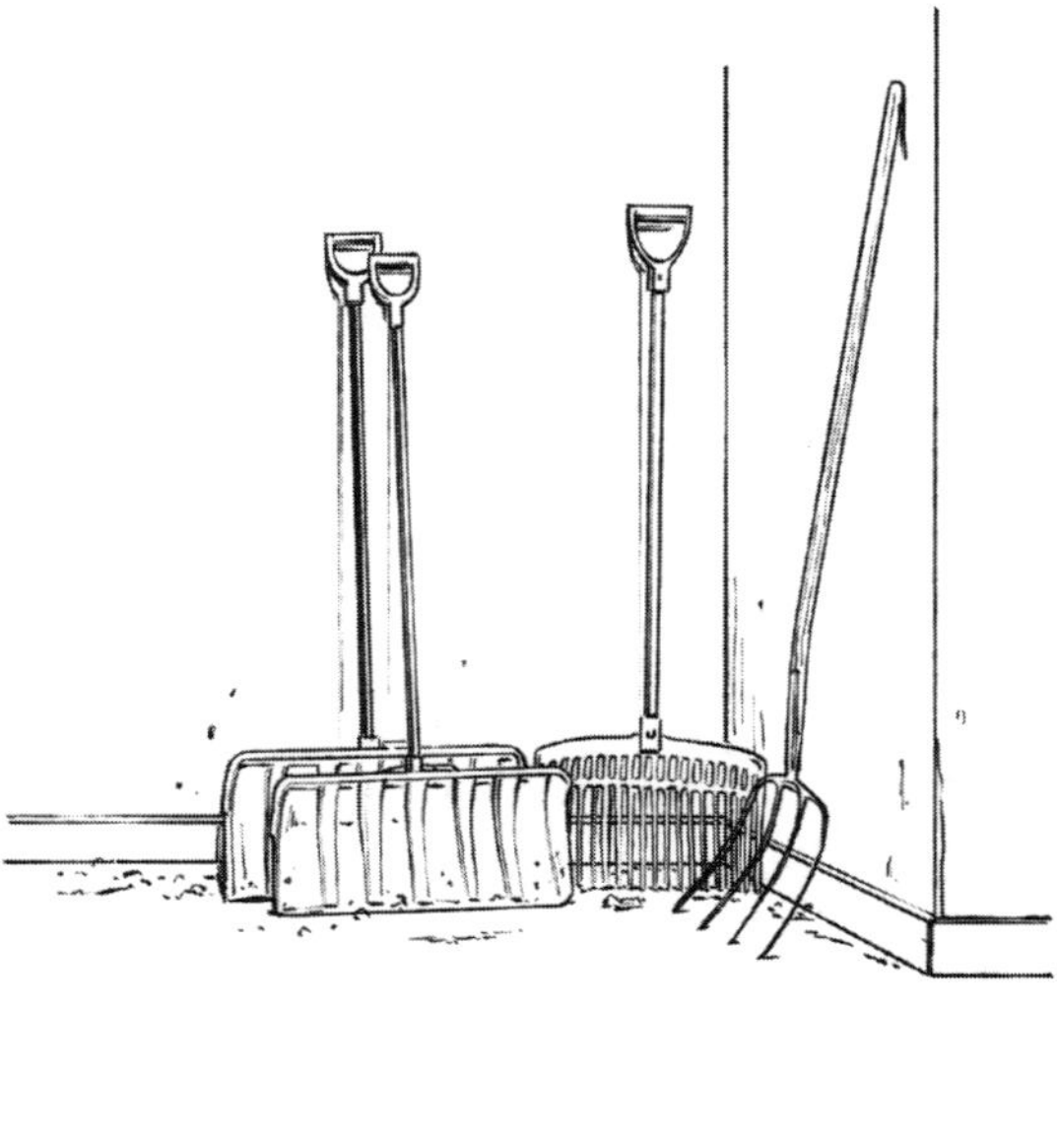

引退馬問題は「解決」するか

引退馬を生かし続けることは、決して容易ではない。金銭的な損得だけで考えれば、それはナンセンスだと言えるかもしれない。だがそれでも看過できない、このままでいいとは思えない人が多くいる。だから引退馬問題は「問題」と呼ばれる。

事実、第5章の冒頭で紹介した「引退馬問題」についてのアンケート調査の中で、「引退馬の現実は問題だと思いますか」という質問に対しては、89・5%の人が「はい」と答えている（図7―1。なおこのアンケートは、「Loveuma.」が引退馬を扱うメディアである性質上、この問題に関心の高い回答者が多いことは留意されたい）。

一方で、「引退馬問題は解決すると思いますか」という質問に対しては、「どちらともいえない」が最も多く、全体の44・9%を占めており、次点で「いいえ」が28・3%、続いて「はい」が17・7%となっている。

全体の7割以上を、「どちらともいえない」「いいえ」が占める結果となったが、「どちらともいえない」「解決しない」と思う理由として、次のような自由記述形式での回答があった。

「解決の線引きが難しいから」

「課題や解決の定義がわからない。難しい」

「仕方ないという認識が根強いと思うから」

「国や競馬主催者など大きな組織が動かない、変わらないから」

「人手や飼養環境、お金、活躍の場が不足しているから」

「生産頭数やと畜を制限すると業界が縮小すると思う」

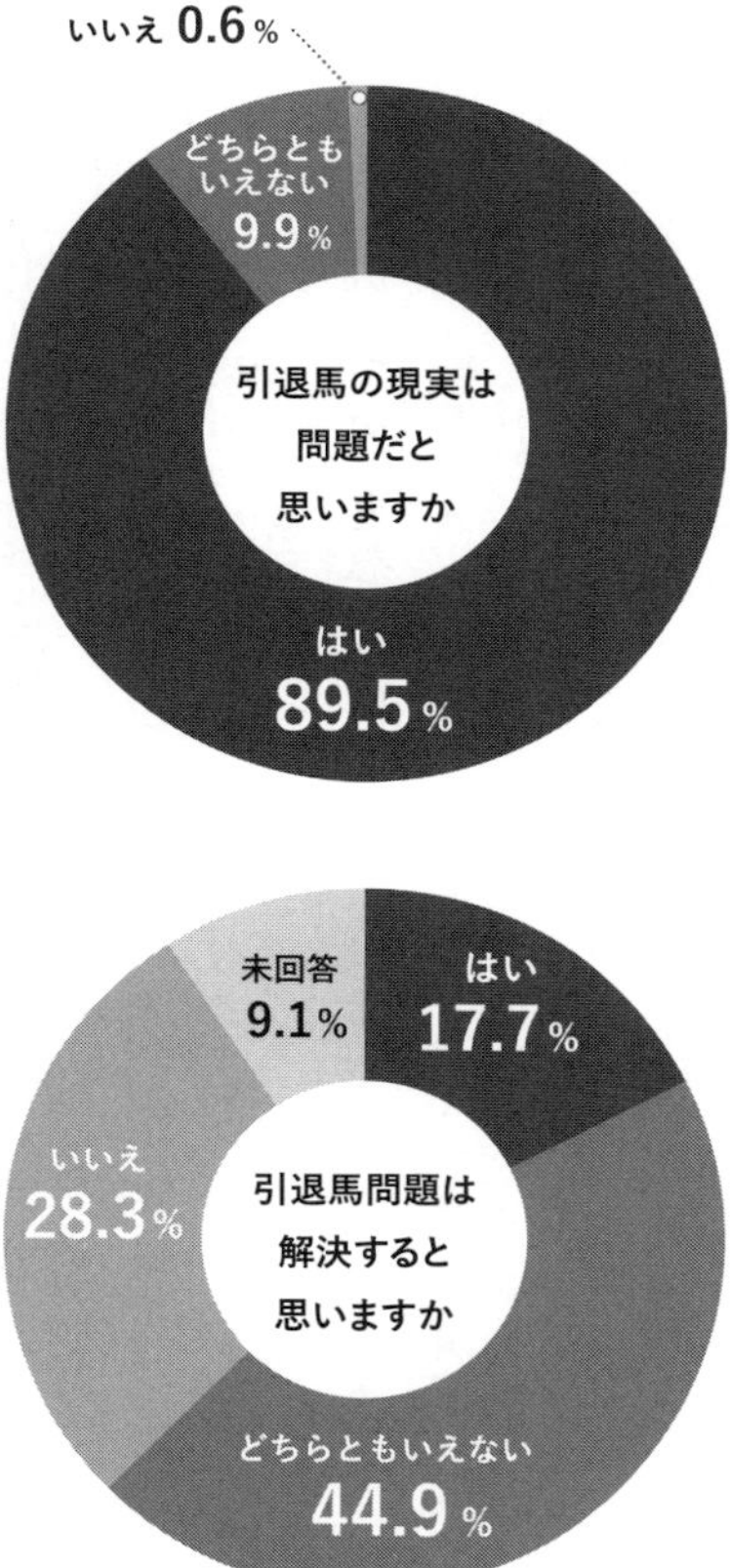

図7–1　引退馬の現実と解決について尋ねたアンケート結果／出典：「Loveuma.」アンケート「引退馬問題は解決すべき?」

「関係者の生活を守らないといけない」

「今の循環のままでも回っていると思う」

「馬は愛玩動物とは違うから」


一方で、「解決する」と思う理由も紹介したい。

「引退馬問題に関わる人、支援する人が増えていくことで、解決に近づくのではないか」

「引退馬問題について知っている人が増えつつある」

「ゲームの影響などで競馬の人気が高まっている。より真摯な議論や協力につながるのではないか」

「馬の活躍の機会のアイデアが増えるのではないか」

「競馬の売上など資金をもっと活かせれば解決できる」

「このまま解決されないのは倫理的に許されない」


本書を読んでいるあなたはどう思うだろうか。

これほど多くの人が引退馬問題を看過できないと思っているにもかかわらず、「解決すると思うか」という問いの答えは分散している。いかにこの問題が一筋縄ではいかないかが、如実に表れた結果だと言える。

改めて、引退馬問題は難解だと感じる。

私は「表現」に軸足を置きつつ、ライフワークとしてこの問題に向き合い続けてきた。この章では、そんな私がこの問題の前進を目指すべく、引退馬を生かす方法を思案した際に、とりわけ重要だと思う取り組みに光を当て、前例のない中でそれを行なってきた開拓者たちを紹介したい。

命をつなげるドネーション

第1章でも触れたが、競馬産業にまつわるここ数年の大きなトピックの一つに、実在の競走馬をモデルに擬人化したキャラクター「ウマ娘」がレースで競う合う世界を描いたメディアミックスプロジェクト「ウマ娘 プリティーダービー」の登場がある。このコンテンツが一大ブームとなり、そのユーザーたちが、作中に登場する馬を現実でも応援しようとする動きが、実は引退馬支援の大きな波となっている。

その影響が最もよく見てとれるのは、認定NPO法人引退馬協会が主催する「ナイスネ

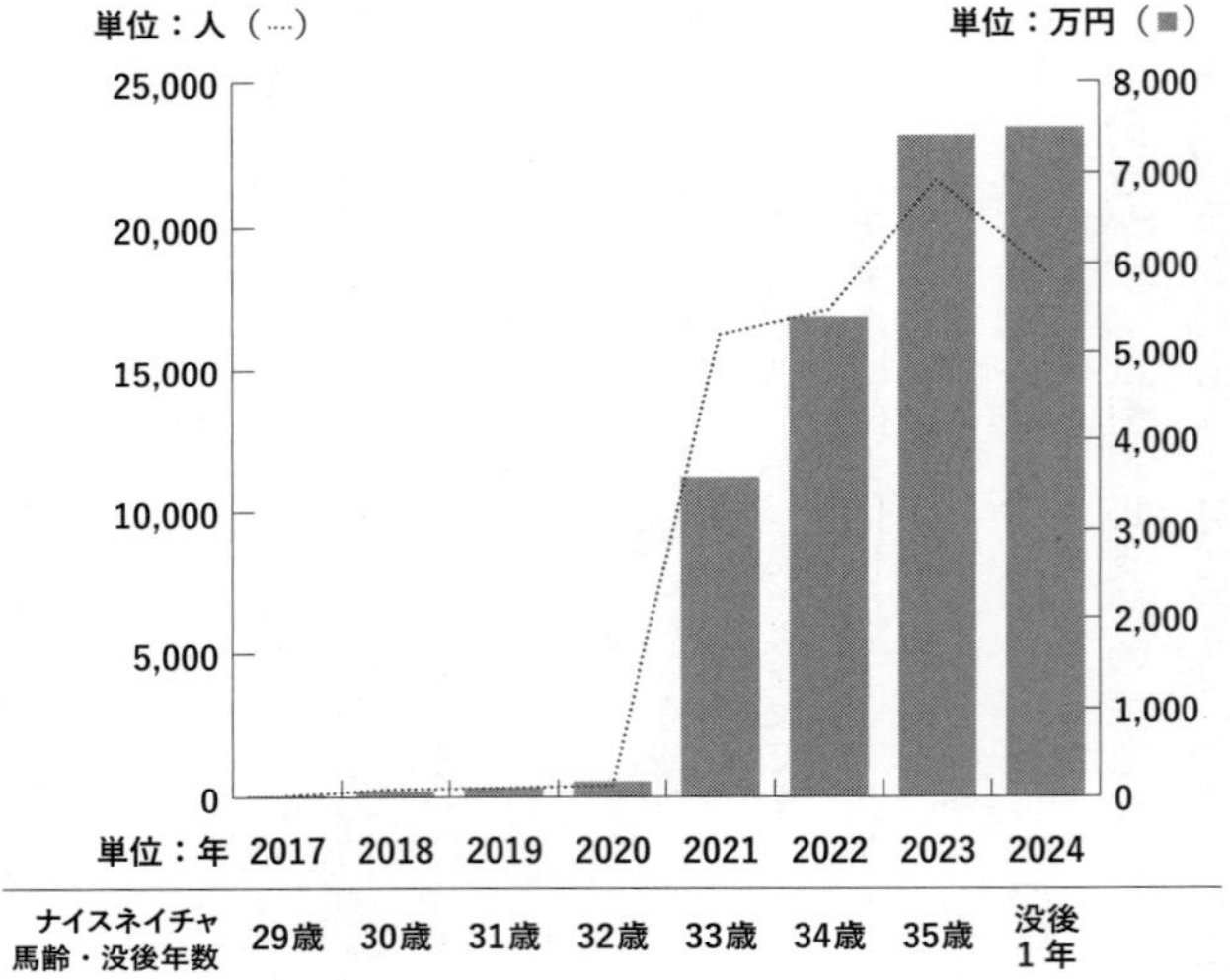

図7–2　「ナイスネイチャ・バースデー（メモリアル）ドネーション」の実績
（「Syncable」ホームページをもとに作成）

イチャ・バースデー（メモリアル）ドネーション」だろう。

　この活動は、ナイスネイチャを所有する引退馬協会が行なっているので、２０１７年から当馬の誕生日の４月16日に開催されている寄付イベントだ。**図７―２**を見ると、支援者数と寄付金額が右肩上がりに増加し、特に２０２１年は前年比で支援者数は約40倍、寄付金額は約20倍と爆発的に上昇している。この年は「ウマ娘 プリティーダービー」のスマホアプリがリリースされた年で、ナイスネイチャもキャラクターとして登場している。その後も支援者数、寄付金が増え、2023年にはついに2万人を超える支援者と約7400万円もの寄付が集まった。2017年の370倍の金額である。

この活動で注目すべきは、支援者と寄付金の多さだけではなく、その目的にある。実は、集まった寄付金はナイスネイチャの飼養費になるわけではない。

このドネーションでは、「1頭でも多くの馬を助けよう」をテーマとして、ジャパン・スタンドブック・インターナショナルの助成金の対象とならない繁殖馬のうち、産駒が重賞を勝ったことのある馬や、地方重賞の勝ち馬など、毎年対象となる馬を変えながら、行き場を失った馬の余生を支えるために寄付金が使われている。

つまり、興味の入り口は「ウマ娘のナイスネイチャ」だが、その先の引退馬にも「支援したい」気持ちがあるからこそ、結果に結びついているのだと考えられる。

このことからも、引退馬支援において、この問題を知らない多くの人に向けて「まずは知ってもらうこと」が大切なのは間違いない。

ちなみにこのドネーションは毎年テーマが異なるため、対象となる馬の肩書は変わっているものの、これまでにも多くの馬が「ナイスネイチャ・バースデー（メモリアル）ドネーション」により命をつないできた。次ページの**図7―3**がその一覧だ。

2020年	エイシンルーデンス
2021年	マンダララ　サマーナイトシティ　ディープスカイ ノボキッス　タイキポーラ　アサヒライジング　バトルプラン オースミコスモ　エスワンスペクター　メイショウサムソン クレスコグランド　ダノンシャーク　セイクリムズン モアザンベスト　ハギノハイブリッド　デフィニット メイショウボーラー　オオシマパンジー　ナムラシゲコ ポップコーンジャズ　マリーンウィナー
2022年	メイジン　タッチスプリント　ニットウイロンデル マイネルユニブラン　クリノダイスーシー　マイネルミシシッピ ノーブルマーズ　インカラム ヴァレンタイン　ルナーレス　ユキザクラ　ロゼフェニックス シチリアノアガタ　ナカザルオー　マロンカグラ　タッチペガサス シンラバンショウ　ラブアダブダブ　クーザ　ウインゴライアス ユアーズトゥルーリ　トピアリスト　ベローナカグラ　タッチライフ
2023年	フサイチバルドル　タービランス　アサクサデンエン ザッツザプレンティ　テイエムプリキュア　ナムラタイタン レーヴミストラル　マルカハンニバル　テンセイフジ ライラプス　ブラックバゴ　オールージュ　クラリティスカイ モルトベーネ　アポロティアモ　フォーティファイド
2024年	スズカコーズウェイ

図7–3　「ナイスネイチャ・バースデー（メモリアル）ドネーション」の受け入れ馬

※2022年は再就職支援プログラム受講馬に適用、他はフォスターホースとして受け入れ

その数は、２０２４年9月末時点で63頭（うちフォスターホース39頭）にものぼる。中にはすでに天国へと旅立ってしまった馬もいて、看板馬であったナイスネイチャも２０２３年にこの世を去ってしまったが、たくさんのファンから集まった寄付金が、これほど多くの馬の命を支えてきたのだ。

引退馬協会代表理事の沼田恭子さん

支援のパイオニア――引退馬協会

さて、本書でここまで何度も登場している引退馬協会について、ここで改めて述べておきたい。

引退馬協会の代表理事を務める沼田恭子さんとは映画制作の後もずっとお世話になっており、今も定期的に引退馬協会の本部がある乗馬倶楽部イグレットにお邪魔している。取材としては２０１８年４月の映画撮影時、２０２１年9月の「Loveumagazine」の時と、計二度のご協力をいただいた。

２回目の取材は、ちょうどバースデードネーションで支援者と寄付額が爆発的に増加した年だった。取材時には2008年のダービー馬ディープスカイをはじめ、アサヒライジング、タイキポーラなど、自身や産駒が重賞を勝ったことのある10頭の受け入れが決まっていたところだった。

それから3年経った2024年には、ナイスネイチャがすでに没したにもかかわらず、当時の倍以上の寄付金が集まった。

ドネーションは「ウマ娘」ブームが火付け役になったわけだが、寄付金によって行き場を失くした馬の里親を終生飼養するという、引退馬協会が築き上げてきた仕組みがなければ、この社会現象は決して起きなかっただろう。

沼田さんは取材当時、こう思いを語っている。

「これまでは、競馬ファンからしか引退馬に関心を持ってもらえる人を掘り起こせないと思っていました。でもウマ娘によって、ゲームをする方々が活躍した競走馬に興味を持ち、その馬たちの引退後のことまで考え、応援しようという気持ちになってくださったのは、素直に嬉しかったですね」

「引退馬」という言葉をスタンダードなものにしたのは、私は沼田さんではないかと思っている。少なくとも沼田さんは、この言葉が市民権を得ていない時代から活動を行なう、

〝引退馬支援のパイオニア〟である。

どうして沼田さんは、いち早く引退馬支援を行なおうと思ったのだろうか。

広島県生まれの沼田さんは、東京での大学時代に通っていた乗馬クラブでご主人と出会い、結婚。夫婦で乗馬クラブ、北海道の社台ファーム、そして千葉県に移り住んで競走馬の育成牧場など、さまざまな馬事関係の仕事に従事したのち、乗馬倶楽部イグレットを設立。ご主人が病気で他界したことをきっかけに、クラブの運営を引き継いだ。

しかし業界の例に漏れず、当時はイグレットでも働けなくなった会有馬を家畜商へと出していた。

その度に沼田さんは心を痛めたという。

「何度か繰り返すうちに、こんなのは嫌だ、やっていられないという気持ちになりました」

しかし、当時は最期まで会有馬の面倒を見ている乗馬クラブはほとんどなかった。そうした状況の中で、複数の人の思いを集めて馬を救う仕組みをつくることを思いつき、里親制度の設立に動いた。

そして1997年、引退馬協会の前身である「イグレット軽種馬フォスターペアレントの会」が設立され、ナイスネイチャの弟であるグラールストーンが第1号のフォスターホース（この里親制度によって養われる馬）となった。

しかし当時、沼田さんたちの活動は、馬事業界で必ずしも歓迎されるものではなかった。冷ややかな目で見られることもあったという。かつて引退馬問題の啓発イベントを行なった際に、来場者の一人から「全頭救えないのだったら、（引退馬の支援活動は）やらない方がいい」と言われたこともあったそうだ。

だが、そうした経験が沼田さんの信念をより強くした。

「馬は1頭ずつしか生かせない。そう思っているんですよ」

この想いをそのままに、同会は着実に活動の幅を広げ、2005年からは引退馬の引き取り相談や預託先の紹介、引退馬繫養団体の設立・運営支援を行なう対外支援活動「引退馬ネット」事業を開始。2011年には「引退馬協会」に改称して団体をNPO法人化した。その他にも東日本大震災で被災した馬の支援活動や、引退馬支援の諸団体と密に連携した活動を行ない、長らく馬たちの命を繫いできたのだ。

「1頭」と「一人」を見つめ続けて

沼田さんがこの活動を始めて、27年の月日が経った。

誤解を恐れずに言えば、費やした年月を考えると、直接的に救った馬の頭数は、決して多いとは言えないかもしれない。だが沼田さんの活動が「引退馬のことに触れてはならない」という業界内の暗黙の了解を変える礎《いしずえ》となったことは、疑う余地がない。

沼田さんはこの問題におけるゴールについて、こう言及している。

「引退馬に関わる者として、究極的にはやはり『全頭生かしたい』という理想は持ち続けています。そのためには生産頭数を減らすことも必要になってくるかもしれないですが、それは引退馬を生かす立場側の意見であり、競馬産業には生産牧場、育成牧場をはじめ、さまざまな人が関わっています。私も夫に付いて生産牧場や育成牧場の仕事にも関わりましたし、乗馬クラブにも携わりました。だからそれぞれの人々の気持ちが、ある程度はわかるような気がするのです。

ですから、私たちは目の前の1頭を生かし続けることに取り組んでいるわけです。でも願わくは、『1頭産ませてみたい』というような、惰性で生産することはやめていただきたいですね」

私は沼田さんの言葉が好きだ。そして、その中でも特に好きなものが2つある。一つは、先に挙げた「馬は1頭ずつしか生かせない」という言葉。もう一つは、「熱い思いを持った人が一人はいないと、その馬は助からないんですよ」というもの。映画の中で語っていた言葉だ。

沼田さんは、ずっと〝1頭〟と〝一人〟を見続けてきた。きっとこれからも、その姿勢は変わらないだろう。

沼田さんが築き上げてきたのは、「慈悲の心で引退馬を救う」という基盤だと思っている。大きなお金が動く競走馬時代を経て、その経済性が失われた後も「生かしたい」と思うのは、人の慈悲に他ならない。そしてその気持ちをダイレクトに支援に生かすのが、寄付という方法だ。

だから「ナイスネイチャ・バースデー（メモリアル）ドネーション」をはじめ、引退馬を生かすためのクラウドファンディングや募金活動には、大きなお金が動くのだろう。より多くの人にこの問題が知られれば、今よりもっと「慈悲」は集まるに違いない。

とはいえ、多くの人の気持ちが動き、支援が集まったとしても、引退馬が生きるうえで生じるコストが高ければ高いほど、支援者の負担が増え、生かせる馬の数が少なくなってしまう。

養老牧場の革命――ホーストラスト

そうした中で、引退馬を生かすための支出を極限まで抑えるべく、独自のやり方で養老牧場を営んでいるところがある。鹿児島県始良《あいら》郡湧水《ゆうすい》町で養老牧場を営む、NPO法人ホーストラストだ。

ホーストラストの、1頭当たりの養老馬の預託料は月4万2000円。ここまでお読みいただいた方ならば、この費用が破格であることに気付くのではないだろうか。引退馬協会のホームページに掲載されている「預託施設」から私が独自に計算した数字では、全国各地に所在する養老馬施設の平均預託料はおよそ9万円であった。

しかし私個人の感覚では、1頭あたり十数万円くらいの預託料で事業を営む養老牧場も珍しくないと感じる。引退馬を生かす費用の面で、ホーストラストは革命を起こし続けているといっていい。

2024年7月某日、私は羽田から鹿児島空港へと飛び、そこから車を走らせてホーストラストを訪ねた。出迎えてくれたのはホーストラストの創設者であり、代表理事を務める小西英司《こにしえいじ》さんだ。

間もなくして私は小西さんと共に、放牧地の見回りに同行させてもらったのだが、そこで早速、驚かされることになった。これまで私はさまざまな牧場に足を運んできたが、ホーストラストは全てが「異次元」だったからだ。

まず、ホーストラストの放牧地は、一見するとただの野山にしか見えない。目を凝らして見るとフェンシングワイヤーで区切られているのだが、広大な野山に十数頭ずつ馬が放たれていて、まるで野生に生きる馬のごとく、群れを成して生活を営んでいる。

ここに暮らす馬は、原則的に一年中、昼夜放牧で過ごすという。地元大学の獣医学部と提携して行なうメディカルチェックや、スタッフによる飼い付け、そして小西さん自らが行なう朝の見回りで、馬の体調に異常がないか常に注意を払ってはいるものの、一般的な養老牧場が放牧と舎飼を交互に取り入れて管理していることを考えると、ホーストラストのスタイルは極めて異質だ。

そしてこれこそが、他の養老牧場の2分の1とも、3分の1ともいえる破格の預託料で馬の受け入れを実現させている理由に他ならない。

養老牧場として、日本で唯一無二のスタイルを築き上げた小西さん。その着想は30年以上も前に遡《さかのぼ》るという。

小西さんは大学生の頃、馬術部に入部したことで馬と関わり、社会人になってから一度はデザイン関係の職に就くも、馬への情熱が勝って乗馬クラブのインストラクターに転身した。そして北海道で2つの乗馬施設での勤務を経た後、ある思いが芽生えた。

ホーストラスト代表理事の小西英司さん

「やっぱり自分が関わった馬くらいは、最期まで(面倒をみたい)と思うようになりました。実際に引退馬の飼養管理をやってみて、月に6万円近くかかるんですが、当時軽種馬育成調教センター(BTC)から出ていた功労馬への助成金は月3万円だったので、月3万円で養えるシステムをつくるというのが、当時の私が考えたことでした」

単純計算で「支出を半分にする」という無謀な挑

ホーストラストの牧場で「一年中昼夜放牧」されるサラブレッドたち

戦にも、小西さんには勝算があった。

それは北海道での乗馬クラブの勤務時代、積雪の影響で閑散期となる冬季に、ニュージーランドやオーストラリアへ渡り、現地でインストラクターを務めていたことに起因する。

当時、小西さんはニュージーランドのオークランドにある乗馬施設を訪れていた。その施設では、働けなくなった馬を広い放牧地へ放していた。そして、人の手が介入しない形で馬たちを自然体で飼養していたという。日本ではあまり馴染みのない発想だったが、そこでののびのびと生きる馬たちの姿が、小西さんの脳裏に焼き付いた。

これが、唯一無二の管理方法を生み出す原体験となったのだ。

「同じ土地でたくさん飼えるかどうかによって、預託料による牧場の収入が変わってきます。預託料が3万円ならば、土地代は3000円までだと思っていたんです。1割以内に抑えないと難しいんです」

理想とする養老牧場の設立に向けて、小西さんはまず土地探しに乗り出した。

前提とするのは、馬1頭あたり2000坪（0・7ヘクタール）の広さが必要という考え方だ。言わずもがな、飼養する馬が増えるほどに広大な土地が必要だ。

そして、気候も重要な要素になる。

「地面に生えているものを食べてもらうことで飼料費を抑えるという発想で、3万円を達成したかったんですよね。北海道だと草が芽を出すのはゴールデンウィークの後くらい。それでは長い間草がないので、温暖な西日本で広い土地を探すことにしました」

草が生えなければ、その間馬に食べさせる飼料費を捻出しなければならない。輸入牧草に頼れば当然コストは嵩《かさ》み、「月3万円」を成立させることは夢物語に等しい。

小西さんは5年の歳月をかけ、ようやくそれらの条件を備えた土地と巡り合うことができた。それが鹿児島県にある湧水町だ。

しかし、全てが思い通りにはいかなかった。いい永年草（多年草）がなかったのだ。それは予期せぬ出来事だった。ここで言う永年草とは、北海道の牧場でよく目にするチモシーやオーチャードグラスなど、寒冷地に根差す草のことだ。しかし、鹿児島の農家では単年草（一年草）と呼ばれる、夏を越さずに枯れてしまうイタリアンライグラスしか作っていなかった。

「一番ショックでした。だから、毎年種を蒔《ま》かなきゃならない。しかも少しずつ要らない草を抜いたり、穂が出たら刈ったりしますが、毎日刈っても追いつかない。環境整備は一朝一夕にはいかず、5～6年ほどかかって、やっと草がきれいに生えるようになりました」

草の質は、土地のパフォーマンス（性能）に直結する。そして同じ広さの放牧地でも、草の良し悪しによって飼える馬の頭数が変わってくるそうだ。

「受け入れの可能性は無限大」

ホーストラスト開業から17年が経った今も、小西さんは自治体に掛け合って、次々と新しい放牧地を開拓しつつ、休むことなく環境整備に勤しんでいる。木の伐採や、不要な草を間引くといった管理もそうだが、牧柵《ぼくさく》や屋根が付いた雨除《あまよ》けの小屋も自分で作る。工事

牧場内に設けられた雨除けの小屋

業者に依頼するコストは捻出できず、時として危険な環境でも重機を操るが、この唯一無二の環境を築くうえで、それは極めて重要な作業なのだという。

「雨除けの小屋を作るのは、雨の日に馬たちがそこに集まることで、無暗に歩き回って草を傷めないようにする目的もあります。ダメージとリカバリーのバランスが草を長持ちさせるうえで大事なので、小屋の存在が土地の性能を上げることにも一役買っているわけです」

こうした日々の地道な環境整備の結果、他所では類を見ない超低価格の預託料を実現し、それを継続させることができているのだ。

養老牧場として革命的なシステムを確立したホーストラスト。引退馬問題をさまざまな角度から見てきた身としては、ホーストラストのような養老牧場が日本国内に増えてくれないものかと考えてしまう。

なお、北海道岩内町にも「ホーストラスト北海道」がある。ここは酒井政明《さかいまさあき》さんという方が代表を務め、小西さんのお墨付きをもらって開業している。いわば〝暖簾《のれん》分け〟だ。

今後もこういった横軸の展開は行なっていくのだろうか。

「このシステムの横滑りはありだと思っているんですよ。同じポリシーでやってもらえる人がいればですけどね。今、ＪＲＡの取り組みなどで引退馬の業者が増えているんです。だけど僕から見ると、馬がかわいそうだなと思うところもあって。ホーストラストと名乗る以上、何でもいいよというわけにはいかないですね」

同じポリシーと目標を持ったリーダーがいて、馬の飼養管理に適した広大な土地があり、環境整備として農業から土木作業まで行なうリソースがあって、初めて暖簾分けが実現する。

確かにそれは容易なことではない。だが、厳しい条件だったとしても実現に向けて情熱を持った人が小西さんのもとを訪ねてほしいと、心から願わずにはいられない。

小西さん自身も同じ気持ちだ。

「私がいなくなった後も継続できるように、その土台をちゃんと私が作って、人材を育てなければなりません。これが途切れてしまうと、行き場を失う馬が何百頭も出てきますからね」

そして最後に小西さんは、ホーストラストのことを、こう表現した。

「私どもホーストラストが、最後の砦《とりで》だと思っていますので、預託料が払える馬はいつでも引き取りたいという方針は一貫していたいと思っています。受け入れの可能性は無限大。それがホーストラストとしての展望です」

私はこの小西さんの言葉に、確かな光を見出した気がする。

その理由は、これから行き場に困った引退馬が増えたとしても、拡大し続けるホーストラストが、小西さんの言葉通り「最後の砦」として馬たちの受け皿になってくれるという期待が一つ。

そしてもう一つは、この革新的な仕組みから学び、既存の養老牧場の仕組みのブラッシュアップや、これまでにないスタイルの養老牧場が生み出される可能性を感じたことだ。

馬事業界に限らず、世の中にない仕組みを作り上げたパイオニアの功績を紐解き、模倣することが、革新の下地になることは多い。

本書の冒頭で述べた通り、私の父は大の競馬好きで、家庭の財布を守る母を悩ませ続けてきた。そんな父も今や定年退職し、これまでよりもグッと財布の紐を絞められた中で細々と競馬を楽しんでいる。そんな話と一緒にするなと怒られそうだが、経済性を失い、生き続けるほどにお金がかかるという現実は人も馬も共通している中で、できるだけ支出を抑えるという考え方も、同じく重要だと私は考える。

馬の個性を生かして利益を生み出す――Yogiboヴェルサイユリゾートファーム

引退馬支援における一つの理想論としてたびたび耳にするのが、「引退馬自身がお金を稼ぐ」というものだ。そこには、競馬産業の外に出た後、早々に隠居の身になるのではなく、馬がきちんと「転職」をして、自分の食い扶持《ぶち》を自分で稼いでほしい、という意味が込められている。

無論、これは決して容易ではない。容易でないからこそ引退馬問題が解決されずにいるのだ。

しかしそうした中で、引退馬に新たな経済価値を付加することで営利事業化し、顧客から収益を上げることで引退馬を生かす費用を捻出するという取り組みも、わずかにだが、ある。

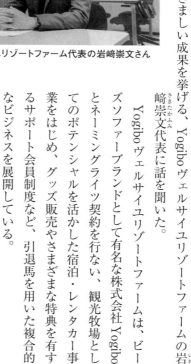

このカテゴリーでめざましい成果を挙げる、Yogiboヴェルサイユリゾートファームの岩《いわ》崎《さき》崇文《たかふみ》代表に話を聞いた。

Yogiboヴェルサイユリゾートファーム代表の岩崎崇文さん

Yogiboヴェルサイユリゾートファームは、ビーズソファーブランドとして有名な株式会社Yogiboとネーミングライツ契約を行ない、観光牧場としてのポテンシャルを活かした宿泊・レンタカー事業をはじめ、グッズ販売やさまざまな特典を有するサポート会員制度など、引退馬を用いた複合的なビジネスを展開している。

図7―4は2021年度の同社の収益の内訳だが、これを見るとさまざまな事業から収益を得ていることがわかる。

その中でも、他の牧場と一線を画す特異な点

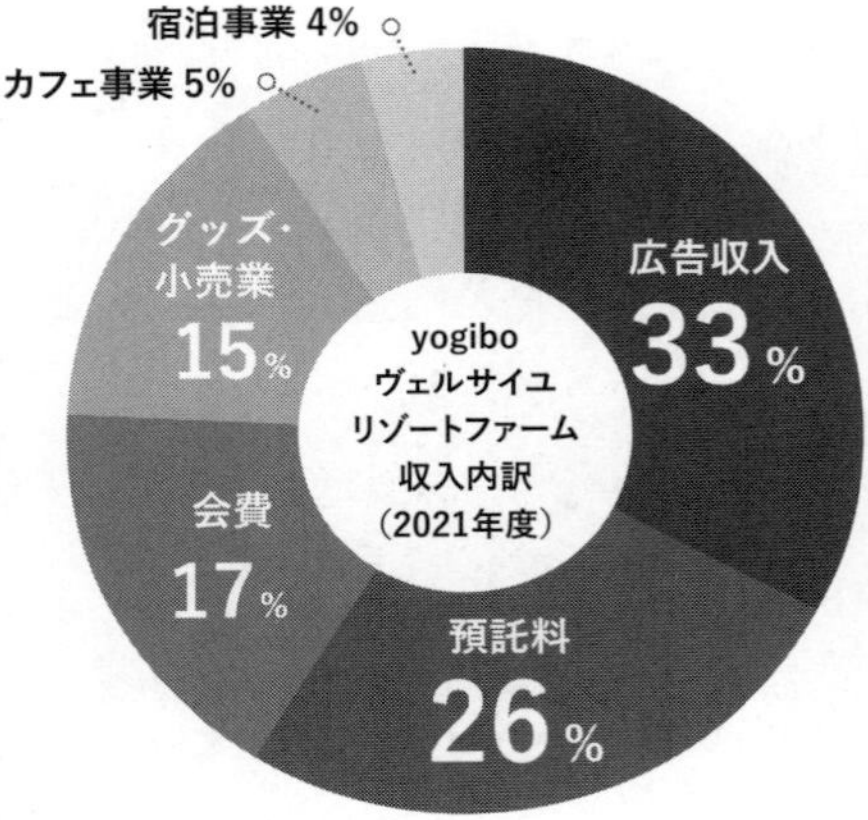

図7–4　Yogiboヴェルサイユリゾートファームの収入内訳(2021年度)

が、法人とのスポンサー契約から大きな収入を得ていることだ。

取材は2022年6月と、2024年7月の二度にわたって行なった。

一度目の取材時は、業界を騒然とさせた前代未聞の牧場のネーミングライツビジネスを行ない、さらには牧場で暮らす引退馬のアドマイヤジャパンが放牧中に気持ちよさそうに「Yogibo」というクッションを枕にして寝転がる様子が、同商品のテレビCMとして全国で放送され、話題を呼んでいた頃だった。

この時、ソファーブランドYogiboの大森《おおもり》一弘《かずひろ》さんにもお話を伺ったのだが、アドマイヤジャパンの動画は、テレビCMのみならずSNSでも大きな反響を生んでいたという。同牧場のSNSやホームページからのYogiboのコンテンツへのアクセスは非常に多く、アドマイヤジャパンはYogiboに対して確かなビジネス上のメリットを提供していた。ネーミングライツ契約は、締結した2021年から2024年10月現在も続いている。

岩崎さんは、引退馬事業で大切なことは、「馬の個性を引き出してあげること」だと語る。日頃から馬と向き合い、その馬の性格などをよく見極めたうえで、その馬の個性に合ったブランディングを行なっていく。それをコンテンツに落とし込み、世の中に向けて発信していくことが重要だと言うのだ。

アドマイヤジャパンが出演するYogiboのCM

その方針を体現しているのは、CMで一躍有名になったアドマイヤジャパンだけではない。

SNSで「破壊王」という愛称で親しまれている2002年のダービー馬タニノギムレットのプロデュースも極めて異端だ。その愛称を付けたのも岩崎さんたちである。愛称の由来は、タニノギムレットが幾度となく牧柵を蹴飛ばして破壊してしまうことにある。折られた牧柵の数は、2020年の繋養開始から現在に至るまで200本近くにものぼるという。牧柵を破壊するたびにその様子は牧場のSNSで発信され、ファンの間で「また破壊王がやったぞ！」と大きな話題を呼び、それが呼び水となって、牧場へ足を運ぶ人やサポート会員になりたいと思う人が生まれた。

さらに2022年9月には、タニノギムレットが実際に壊した牧柵を材料にしたスマホスタンドやゼッケンキーホルダー、ペンダントが発売された。1万7600円～2万9700円という強気の値段設定にもかかわらず、商品は販売開始からわずか数分で完売したというから驚きだ。

岩崎さんは当時、このような独自の取り組みについてこう語っていた。

「引退馬を扱うにしても、どこかで事業化しておかないと、自分たちの生活はどうするの？　という話になります。今の『引退馬＝お金儲けをしたらダメ』みたいな風潮を少しずつでも変えていかないと、ここから先に何も進まないんです」

「馬はビジネスパートナーであってほしい」

それから約2年の歳月を経て、2024年7月に二度目の取材を行なった。この間にも

馬名	種別	所有
ローズキングダム	養老馬	自社
アドマイヤジャパン	養老馬	自社
スカーレットレディ	養老馬	自社
ヒルノダムール	養老馬	自社
タニノギムレット	養老馬	自社
ビービーガルダン	養老馬	自社
エタリオウ	種牡馬	預託
グランドリビエール	養老馬	預託
アニバーサリー	養老馬	預託
ロジクライ	養老馬	自社
エンパイアペガサス	種牡馬	預託
ジョウノボヘミアン	養老馬	自社
スイーズドリームス	種牡馬	預託
レディアイコ	養老馬	自社
ルーカス	養老馬	自社
オジュウチョウサン	種牡馬	預託
ノアヴァンクール	養老馬	預託
ブリアール	養老馬	預託

馬名	種別	所有
アオイクレアトール	養老馬	預託
ニッポンテイオー	養老馬	預託
ダンスディレクター	養老馬	自社
フサイチセブン	養老馬	自社
ナランフレグ	種牡馬	預託
ロジユニヴァース	種牡馬	預託
トウケイヘイロー	養老馬	自社
ノヴェリスト	種牡馬	自社
オセアグレイト	種牡馬	預託
ミスペンバリー	養老馬	預託
ケイウンコユキ	養老馬	預託
キタサンミカヅキ	種牡馬	預託
ダンカーク	養老馬	自社
ワンダーアキュート	養老馬	自社
サウンドスカイ	種牡馬	自社
アスカクリチャン	養老馬	自社
グランプリボス	養老馬	自社

図7–5　Yogiboヴェルサイユリゾートファームの繋養馬（2024年11月時点）

同社は、目まぐるしいスピードでその事業を拡大させていた。

まず、繋養する馬が2022年6月時点では、繁殖牝馬7頭（うち2頭は自馬）、種牡馬4頭、引退馬7頭（全7頭が自馬）の計20頭だったのが、2024年11月現在では種牡馬9頭をはじめ、繋養馬は計33頭（うち種牡馬1頭を含む18頭は自馬）に増えた。現在繋養している馬は**図7−5**の通りで、特筆すべきは自己所有馬から引退馬の預託（図では「養老馬」と表記）、さらには現役種牡馬の繋養まで、非常にバラエティに富んだラインナップとなっていることだ。この分野での収入も拡大している。

そして新事業として、新千歳空港から同牧場や他の牧場を観光する人たちをターゲットにした「ヴェルサイユレンタカー」も開始。同事業は、あえてメルセデスベンツやＢＭＷなどの高級外車を貸し出すスタイルで話題を呼んでいる。

そして、２０２４年には本場から車で約３分の場所に「別邸ビラ・ウトゥル」なる新牧場の建設も開始した。東京ドーム約８・５個分の敷地面積がある同施設には、広大な放牧地と厩舎が建つという。２０２４年の秋〜冬ごろの完成を予定しており、翌年には第二厩舎の建設も予定するなど、事業拡大の勢いは凄まじい。

岩崎さんに昨年度の事業収入について伺った。２年前と比較して、その割合に大きな変化が見られる（図７―６）。そして来年度はさらにここにレンタカー事業も加わることだろう。この表からも、同社はめまぐるしく変化をし続ける〝ベンチャー企業〟だと言える。

グラフにある通り、同社は多様な収入源を確保している。しかし、その軸になっているのは紛れもなく引退馬だ。このようにして、引退馬にあらゆる角度から付加価値を付ける

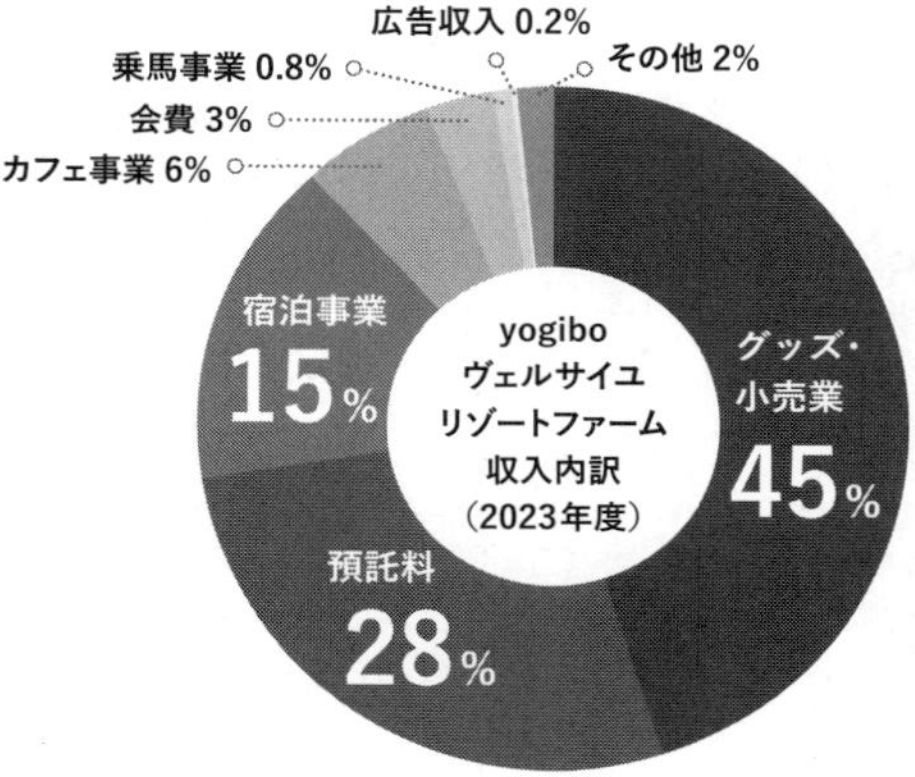

図7–6　Yogiboヴェルサイユリゾートファームの収入内訳（2023年度）

ことで、収入源を創出するという考え方は、収入より支出が上回る引退馬が、そのバランスを逆転させる可能性を秘めた取り組みだと言える。

そして中でも注目すべきは、グッズの売上が大きく増加しているところだろう。

「やっぱりBASEやポップアップショップが影響していますね。ポップアップショップをやると、1日平均で100万円以上を売り上げます。今はグッズの収益が爆発的に伸びていますね」

「BASE」とは誰でも気軽にネットでグッズを販売できるプラットフォームサービスだが、近年では渋谷モディやラフォーレ原宿などに、実店舗として出店可能なスペースを確保しており、同社もここでグッズ販売をしている。

岩﨑さんは、多くの人に求められるグッズについてこう語る。

「馬のネームバリューと、グッズのデザイン。あとは使い勝手ですかね。デザインがいいなと思って作っても、売れなかったりするものでして。とはいえ、皆さんが何を求められているのかは、ちょっと未だによくわかってないところもあって、難しいですね。これは売れるだろう、というものが売れないので」

岩﨑さんは1993年に東京で生まれ、幼少期にはロサンゼルスでの生活も経験し、小学校3～4年生の頃に兵庫県明石市で乗馬を始めたことで、馬と関わりを持つようになったという。その後も乗馬に情熱を注いだが、大きな転機が訪れたのは大学卒業が迫った2015年のことだった。

「ちょうどそのタイミングで父が亡くなって。『牧場は残してほしい』というのが遺言だったので、そのまま北海道に来ました」

北海道で牧場を営んでいた父のこの言葉によって、就職が内定していた大手企業に断りを入れ、牧場を引き継ぐことを決めた。

現在の事業の原点となったのは、それから1年が経った頃だ。スタッフから聞かされた、ある言葉を思い出したからだという。

「北海道に来た時に、繁殖生活を終えた馬たちがどうなるのかをスタッフに聞いたら、仲介業者が買って持っていってくれるんだよと。その話を聞いた時に、何かちょっと違うんじゃないかなと思いまして」

この言葉が契機となって養老部門を立ち上げたことが、現在のYogiboヴェルサイユリゾートファームの原型となった。そこからは先に述べた通り、常識にとらわれない経営で引退馬に付加価値を付け、事業を横展開することで独自の牧場を築き上げるに至る。二度目の取材時には、本州で新たに土地を取得して養老牧場を軸とした新たな施設の開業を目指していることを語り、これからその視察に行くということだった。

なぜ岩﨑さんは、これほどまでに新しいことに挑戦できるのだろうか。

「性格的に、最初から『何とかなるだろう』くらいの感じでやっちゃうんですよね。ダメでも別に死ぬわけではないですし」

最初から100%を目指すのではなく、プレオープンのような形でも、まず取り組みをスタートさせて、そこで見えた課題を解決していけばいい。そうしたベンチャー起業家に多く見られる思考を、岩﨑さんもまた持っているように見えた。

Yogiboヴェルサイユリゾートファームでは「Versailles Resort CLUB SUPPORTERS」という支援制度を設けており、各馬への寄付を募っている。しかし岩崎さんは、寄付や競馬主催者からの補助金に頼らずとも事業が成立する、自立した養老牧場を目指したいと語る。

「最近は、引退馬の牧場自体を独立させるというか、支援に依存しないで自分たちで収益を上げてやっていける体制をつくるのが、最終的なゴールかなと思っています」

そして最後に、こう付け加えた。

「やっぱり馬は、ビジネスパートナーであってほしい」

引退馬ビジネスで躍進する、岩崎さんのその言葉が鮮烈に印象に残った。

引退馬のブランディング戦略──TCC Japan

一方で、「馬自らが自身の飼養代を稼ぐことができるような経済性をいかに創出していくか」という言葉を発した人もいる。

それは「馬と共に社会をゆたかに」をミッションに掲げる、株式会社TCC Japanの代表、山本高之《やまもとたかゆき》さんだ。

同社は引退競走馬の支援活動と、馬をパートナーとした社会活動を通じて、人馬のソーシャルイノベーションに取り組んでいる。2024年4月には、滋賀県高島市の観光スポットであるメタセコイア並木に隣接する形で、観光・養老牧場「メタセコイアと馬の森(Metasequoia Horse Forest)」をプレオープンした。

山本さんとは2021年10月に、会員制引退馬支援サービスを軸としたそれまでの事業の背景についての取材や、東京の表参道に2023年4月にオープンした、馬糞堆肥《ばふんたいひ》でつくられた旬の野菜や果物を用いた料理を提供する「BafunYasai TCC CAFE」を創業した際にも取材させてもらっている。

「BafunYasai TCC CAFE」では、毎月1回、映画「今日もどこかで馬は生まれる」の上映イベントが開催されるなど、私の会社が引退馬支援事業を行なううえでも何かとお世話になっている。

山本さんは、岩﨑さんの取り組みにも関心を寄せている。

「今で言えば、Yogiboヴェルサイユリゾートファームさんが『馬の余生を見ている牧場』として知名度を上げていますよね。今までも引退馬の余生を見ている牧場はたくさんあったはずですが、そういう謳《うた》い方をしてこなかった。これは一つの表現だけで意識が変わる、いい例だと思います」

引退競走馬が所属している乗馬クラブは数多くある。だが、どの乗馬クラブもわざわざ「引退した競走馬がいる」ことを謳わない。しかし山本さんは、岩崎さんが引退馬問題というバックグラウンドを伝えつつ集客に結びつけている点に着目していた。言い換えれば、岩崎さんのブランディング戦略に注目していたのである。

馬が社会に必要な仕組みをつくる

山本さんは、ＪＲＡ栗東《りっとう》トレーニングセンターのある滋賀県栗東市で生まれ育つも、競馬を含む馬には縁がなかったという。就職を機に大阪へ移り、経営コンサルティング会社や東京のベンチャー企業での勤務を経て起業した。当初も馬とは関係ない事業を営んでいた。

転機となったのは、２０１１年に起きた東日本大震災の復興ボランティアに参加したことだったという。

「ボランティアに行ったのは、震災から2ヶ月経ったゴールデンウィーク明け頃でした。ボランティアとして動いていたのは、その頃はほとんど被災した地域外から来ていた人たちでした。被災地では高齢者が多く問題もいろいろあって、ボランティアの人々に頼っているような面も見受けられました。地域にもっとエネルギーがないと自ら復興していくのは時間がかかりそうだなと感じましたし、復興には地域の力がとても大事になってくるのだろうなと実感しました」

TCC Japan代表取締役の山本高之さん

そして山本さん自身も、こう思ったという。

「僕も故郷に戻って、地域の力を高めることに貢献できる仕事がしたいなと」

山本さんの故郷は競馬と関わりの深い滋賀県栗東市。さらに奇遇にも妻・妃呂己《ひろみ》さんの実兄はＪＲＡのトップジョッキー・福永祐一さんだった。

それも追い風となったのだろう。山本さんは故郷へと戻り、馬を活用した福祉事業をスタートさせた。２０１５年9月に2頭のポニーと共に、地域の障がいを抱えた子供たち向けに、ホースセラピーを取り入れた放課後等デイサービス「PONY KIDS」

を開所。間もなくして事業は軌道に乗り、翌年4月には引退競走馬を支援する「TCC引退競走馬ファンクラブ」を発足した。

ここから、JRAや、JRAが発足させた「引退競走馬に関する検討委員会」などと連携を取りながら、少しずつ山本さんの想いは形になっていく。

2019年5月には、同じく栗東市に「TCCセラピーパーク」を竣工。ホースセラピーの提供や、行き場のない引退競走馬を受け入れるホースシェルターの設置、その他まちづくりの場として活用できる施設として、地域の人々から重宝されている。

そして2024年には、前述の「メタセコイアと馬の森」をつくった。

私は山本さんを、ヴェルサイユリゾートファームの岩崎さんと双璧をなす、引退馬ビジネスのトップランナーだと思っている。

山本さんは自身の事業における信念と引退馬問題のあり方についてこう語る。

「引退競走馬たちの悲しい現実があって、それに対して支援してくださいと言っているだけでは、なかなか広がっていかないと思っています。同時に、なぜ引退競走馬が人間社会にその後も必要なのかを具現化していくというか、馬が社会に必要な仕組みをつくっていかないと、つながっていかないと思うんです。

メタセコイアと馬の森（写真提供：TCC Japan）

だからこそお金を集めるだけでなく、お金を生み出すことも同時にやっているんですね。日本の中に当たり前に引退後の馬たちの生活の場があって、そこに皆さんが求めているものがある。そこまで引退競争馬の価値を変えていくことができれば、経済的な価値がつくりやすいのではないかと思っています」

引退馬に付加価値を付け、一度は失われた経済性を再獲得する事業を、次々と生み出している2人のトップランナー。とはいえ、競馬産業、乗馬産業に次ぐ、引退馬を活用した新たな「産業」の確立までには、まだまだ道のりは長い。

それを目指すならば、先のホーストラストと同様に、2人が形にしてきたビジネスを分析し、肥やしとして、自分の挑戦へと向かう起業家が次々と現れなければならないだろう。馬を知り、引退馬問題の知識を持ち、事業家としても優れた資質を有している。そんな人材にお目にかかれる確率は……相当低そうだ。

ここでやはり思うのは、競馬が産業としてあまりにも巨大で、その産業下にいる現役の馬が持つ経済性がとてつもなく高いということだ。

ＪＲＡの売得金額は２０２３年には約３兆２７５５億円に上り、新型コロナウイルスの影響をものともせず右肩上がりの成長を続けている。それに呼応するかのようにレースの賞金も上昇傾向にある。有馬記念の1着賞金を例にすれば、２０２1年には3億円だったものが、２０２3年には5億円に上がっている。

現役時と引退後のサラブレッドの経済性は、未だ大きく乖離している。それは産業構造の問題だということは、これまで繰り返し見てきた通りだ。

だからこそ私は、今こそ競馬主催者に話を聞きたいと思った。

第8章

ハンドルとエンジン

転換期のJRA

競馬主催者はいま何を考えているのか

ＪＲＡは今、引退馬について具体的に何を考え、どのような取り組みを行なっているのだろうか。

ここまで述べてきた通り、引退馬問題とは極めて複雑な構造を持ち、さまざまな立場の人が関与している。しかし前提として、競馬があるから引退馬が生まれ、それによってこの問題が生まれたことは紛れもない事実だ。その問題に誰よりも強く、深く踏み込むことを使命としてきた私にとって、競馬主催者であるＪＲＡを取材することは、不可欠なミッションだった。

思えば２０１７年から18年にかけて、１都１道５県12シーン、18日間の撮影を敢行した映画制作の際は、ＪＲＡへの取材が叶わなかったし（競馬場やトレーニングセンターの撮影などにおいては協力をいただいた）、その後、「Loveuma.」のコンテンツでも実現することはなかった。

ＪＲＡに限った話ではないが、時期や媒体、内容によって取材が断られるのは珍しいことではない。とはいえ、この問題をテーマにメディア制作を行なってきた身としては、一向にその「本丸」に対して一歩踏み込めないでいることが、ずっと心残りであり、気がかりだった。

ＪＲＡは決して、引退馬問題について対策を講じていないわけではない。

２０１７年12月、ＪＲＡは「引退競走馬に関する検討委員会（以下、検討委員会）」を発足させて引退馬支援に乗り出した（その前身組織である準備委員会は同年2月に始動）。この委員会は、ＪＲＡ、農林水産省畜産局競馬監督課、日本調教師会、日本騎手クラブ、日本馬主協会連合会、日本軽種馬協会、地方競馬全国協会、特別区競馬組合の各団体の代表者によって組織され、それぞれが平等な立場から1票を投じて議案が決議されている。

検討委員会では、どのようなことが議論されているのだろうか。

私は２０２１年12月に、準備委員会発足当初から検討委員会に委員として参加していた、当時日本調教師会関東本部の本部長だった鈴木伸尋調教師に話を伺った。

当時の検討委員会では、主に引退馬を受け入れている養老牧場に対し、その事業をより持続的に行なうためのサポートとして奨励金を交付しており、鈴木さんも自ら全国各地の牧場を訪れて実地調査に精を出していた。

鈴木さんは言う。

「奨励金の金額を決めるのはなかなか難しくて、一応繋養頭数を一つの目安としていま

「検討委員会」に準備段階から参画している鈴木伸尋調教師と、引退馬のトモジャポルックス

す。最も高いところで数十万、安いところで数十万と幅広いです。頭数でいうと一番多い施設が136頭、少ないところで2~3頭ですね」

また、内部では何段階かの基準を設けて審査し、交付が決定する。この奨励金の使い道にはあえて厳密なルールを設けていないそうだ。

「牧場を回ってみて、各々で必要なものが違うんですよ。牧柵を修理したいという人がいれば、トラックが必要だという人もいる。あるいは人を雇いたいとか、従業員にボーナスを出してあげたいとか。使い道を限定するとお金が活きないので、とりあえず大枠で馬のために使ってくださいということで交付しています。その代わり、こちらも調査には出向いて何に使ったかを調べて、委員会の中で公表しているんです」

ＪＲＡが行なう引退馬支援

検討委員会が実施しているのは奨励金の交付だけではない。例えば、全国乗馬倶楽部振興協会が主催するＲＲＣ杯（第４章参照）の開催や、ホースセラピーの普及に向けた啓蒙・促進活動、引退馬が次のキャリアへ進むために必要なリトレーニングの促進など、引退した競走馬の居場所づくりにつながるさまざまな施策を講じている。

まだあまり知られていないが、近年ＪＲＡは、競馬主催者としてさまざまな引退馬支援・引退馬の利活用を行なっているのだ。

次ページの**図８―１**は農林水産省が公表している、ＪＲＡの「馬の利活用」についての取り組みをまとめた表だ。

正確であるもののまどろっこしい表現が、まさに〝お役所的〟なのだが、ＪＲＡと検討委員会が引退馬を具体的にどう「利活用」しようとしているのかが把握できる重要な表なので、ぜひ目を凝らして見てみてほしい。

検討委員会に関わるそれぞれの代表者は、各セクターで本業を持ちながら、競馬主催者と一丸となって引退馬支援に向き合っている。検討委員会のメンバーである鈴木さんが取材中に話していた次の言葉は、今でも私の心に残っている。

単位（万円）

項目	事業内容	2024年度予算
施策の検討と情報の収集・発信	引退競走馬に関する検討委員会の開催、国際フォーラム参加、諸調査等の実施	7,000
	馬の多様な利活用に関する情報を発信するための競馬場でのイベントや、獣医師学会でのシンポジウム等の開催	2,500
	馬事公苑における高齢者乗馬・ホースセラピー活動の実施及び普及	5,000
セカンドキャリア促進への支援	引退競走馬のセカンドキャリア促進のための一時受入施設の運営等の実施	6,500
	馬を安全に取り扱う人材を養成するための講習会の開催	4,000
	乗馬等への転用のためのリトレーニング技術講習会の開催、引退競走馬を対象とした競技会での賞金提供	6,300
	ホースセラピーの活動者向けガイドライン等の作成・配布、技術や考え方に関する講習会の開催	1,500
	被災地等での乗馬・引馬体験、馬の展示等の実施	5,000
サードキャリア（養老・余生）への支援	乗馬施設や教育機関、自治体等が行うホースセラピーや教育、地域活性化等への利活用のモデル的な取組のための繋養費用や施設の補改修等に係る費用の助成	9億9,000
	養老馬の繋養を行う牧場や引退競走馬の受入先の調整等を行う団体への奨励金の交付	3億1,000
	引退した重賞勝馬の繋養展示を行う施設への繋養費用の助成	6,600

図8–1 JRAの馬の利活用の取り組み状況

（農林水産省ホームページ「馬産地をめぐる情勢（令和6年6月）」をもとに作成）

「自分の生活もそうですし、いろいろなところで馬たちに救われている人がいます。だから、恩返しと言っては大袈裟かもしれないですけど、馬たちと人が共存できる世の中にしたい。いや、しなければならない。やはり競馬や乗馬の世界の人たちは、そうする責任と義務があるのではないかと思っています」

鈴木さんは競馬サークルの中でもとりわけ早い段階から引退馬支援に取り組んできた調教師だ。「責任と義務」という表現は、常に誠実に馬と向き合う鈴木さんらしい言葉だと私は思う。

では、ＪＲＡはこの引退馬支援事業に資金面でどの程度コミットしているかについて、公表されている事業収支のデータをもとに見てみたい。

「令和5事業年度決算報告書」には、各事業に投じた金額が詳しく記載されている。事業収入はおよそ3兆3099億3353万円。事業支出も同額となっている。支出には競馬開催のための費用やＣＭなどの広告宣伝費、競馬場がある地域の環境整備費などを含む「競馬事業費」、レース賞金などを含む「競走事業費」、役職員の給与や管理事務費を含む「業務管理費」、国庫に納める「第2国庫納付金」などがある。

これを踏まえて、先に挙げた「馬の利活用」への支出を見ていきたい（なお、同項目については予算のみが公開されているため、実際の確定額で比較ができないことを留意いただきたい)。

これが含まれる勘定科目は「業務管理費」内の「馬事等振興費」であり、同科目の確定額はおよそ26億6498万円だった。同年の「馬の利活用」についての予算総額が17億4400万円なので、引退馬支援についての支出額に占める割合は65%ほどだとわかる。

しかしながら、これは全体の支出から比較するとわずか0・4%ほど。広告宣伝費を指すであろう「参加促進費」の297億5824万円と比較しても、17分の1以下に留まっている。

このことについて、何を感じるかは人それぞれだろう。

私がここで言いたいのは、JRAが事業の至上命題にしているのは、あくまでも競馬の振興であり、引退馬の保護活動ではないということだ。これは、これまでもこれからも変わらぬ事実に違いない。そしてJRAは企業展望を達成するべく、さまざまな施策に事業経費を拠出している。引退馬支援活動には約17億円を拠出しているが、それはあくまでも数ある事業経費の一つに過ぎず、引退馬に関する取り組みを特別視しているわけではない。

決して競馬主催者を指弾したいわけではない。だが、この事実から目を逸らすと、理想と現実のギャップが強くなるので、この大前提をまずは留意しておきたい。

新たな団体の設立——TAWが目指すこと

検討委員会やJRAが行なっている引退馬支援の最近の大きな動向として、2024年4月に一般財団法人「Thoroughbred Aftercare and Welfare」（通称TAW）が設立されたことがある。

TAWは「引退馬のセカンドキャリア形成や養老・余生の機会拡充とともに、馬の多様な利活用や馬事振興・乗馬普及に取り組み、馬と人の関わりを広めることで競馬や馬産業の発展に寄与すること」を目的に、JRAの出資によって立ち上げられた一般財団法人だ。

その設立の背景には、近年犬や猫などの愛玩動物を中心に、アニマルウェルフェアへの意識が高まりを見せ、競馬開催にもその影響が及んでいることが挙げられる。実際、2022年11月には、串田誠一《くしだせいいち》議員、橋本聖子《はしもとせいこ》議員などが中心となって取り組んだ改正競馬法の付帯決議で、競馬法の中に「命ある馬が可能な限り充実したセカンドキャリアを送ることができるよう（中略）支援の拡充を促し、取組内容の充実が図られるよう指導すること」が明記されている。

私は現在のJRAの引退馬支援の中心的組織と言えるTAWにコンタクトを取り、20

24年6月上旬、東京・西新橋にある事務所で、ついに念願の取材が叶うことになった。

「ハンドル」と「エンジン」

事務所の玄関には短い人工芝が張られ、その上の木製の板に「TAW Thoroughbred Aftercare and Welfare」というロゴマークが掲げられていた。エントランス奥には真新しいオフィスデスクが並べられているが、まだ部屋全体のスペースには余裕があり、改めて新設されたばかりの組織であることを感じさせる。

私たちを迎えてくれたのは、理事長の阿部智己《あべともみ》さん、参与の西尾髙弘《にしおたかひろ》さん、事務局長の八田宗久《はったむねひさ》さん、事業部チーフの荒川由紀子《あらかわゆきこ》さんの4名の方々だ。ちょうどこの頃は栃木県宇都宮市に、休養や体調管理を目的として引退馬を一時的に預け入れ、初期のリトレーニングを行なう「TAW宇都宮事業所」の開設が間近に迫った時期で、冒頭では自然とその話になった。また、TAW設立の経緯は先ほど述べた通りだが、阿部理事長いわく、検討委員会が始まった2017年頃より、TAWのような外郭団体を設立する構想があったそうだ。

まず私が聞いてみたかったのは、TAWが自身をどのような存在と考えているか、ということだ。

競馬主催者が主導する引退馬支援というカテゴリーで考えた時に、ＴＡＷは自分たちを「リーダー」的な存在と捉えているのだろうか。

TAWのエントランス

阿部理事長は言う。

「いえ、さまざまな競馬関係者を含めたメンバーで構成されている検討委員会がありますので、リーダーというよりは、〝エンジン〟じゃないですかね。検討委員会で協議する中で、多くの方にいろいろなことを企画してもらいます。当然そこでは私たちの意見も言いますが、検討委員会自体がリーダーとなって、われわれはエンジンとして幅広く活動していると認識しています」

農林水産省を含む、競馬産業に属するそれぞれのセクションの有識者が集って、この問題の支援について話し合う検討委員会が、具体的な活動の方針と取り決めをつくるのは、確かに自然であり、理に適っている。検討委員会がこの活動の行く先を決める〝ハンドル〟だとすると、TAWはその原動力となる〝エンジン〟なのだ。

参与の西尾さんが補足する。

「どの事業（取り組み）も共管タイプ（他の組織と共同で管理・運営すること）にしようとしているんですよ。例えば、全乗協（公益社団法人全国乗馬倶楽部振興協会）と組みましょうとか、日馬連（公益社団法人日本馬術連盟）と組みましょうとか。アニマルウェルフェアに関しては、馬事協会（公益社団法人日本馬事協会）や農林水産省と一緒にやりましょう、とか。馬事産業全体で連携していかないと、もし『私たちの考えは違う』と言われたら一気に取り組み自体が崩れてしまいかねないですから。

もう少し具体的に言うと、例えばTAWが乗馬業界に対して『お願いします』と言っても、乗馬クラブの方には響かないかもしれません。それよりは、全乗協と一緒に取り組んでいた方が先方も話を聞きやすいし、実効性が高まると思っているんです。だから検討委員会という柱を置きつつ、実効性を高めるために関係各所と共管して連動させるという考え方で動かしているわけですね。どちらかというと、〝思想〟は検討委員会で、〝実践〟は私たち連携チームで強化する形で広げていこうとしています」

さらに西尾さんは、引退馬問題に対する「責任」について、こう語る。
「そもそも競馬主催者が取り組みを自分で決めたという背景は、やっぱり必要だろうと思います。それは対外的に説明する時に重要なポイントですね。見せ方の一つでもあるかもしれないし、持続するための仕組みだと理解しています。競馬産業は少なくともその枠組みで、この活動を続けるという認識を持ってもらわないと。産業としてしっかりと責任を示すことが極めて重要だと思います」

事実、過去に映画の鑑賞者を対象に行なった引退馬問題におけるアンケート調査の、引退馬支援の責任について質問の回答を集計すると、実に76％もの人が責任の所在を「JRA」と答えていた（次ページ図8―2）。

競馬があるから競走馬が生産・育成され、競走馬が引退馬となるのは、競馬ファンのみならず誰の目にも明らかだ。責任の所在が競馬主催者となるのは、ごく自然なことだと言えよう。

引退馬を経済に参加させるためのサポート

こうした世論の中で、ＴＡＷはあくまで、産業として馬を利活用すること、つまり引退

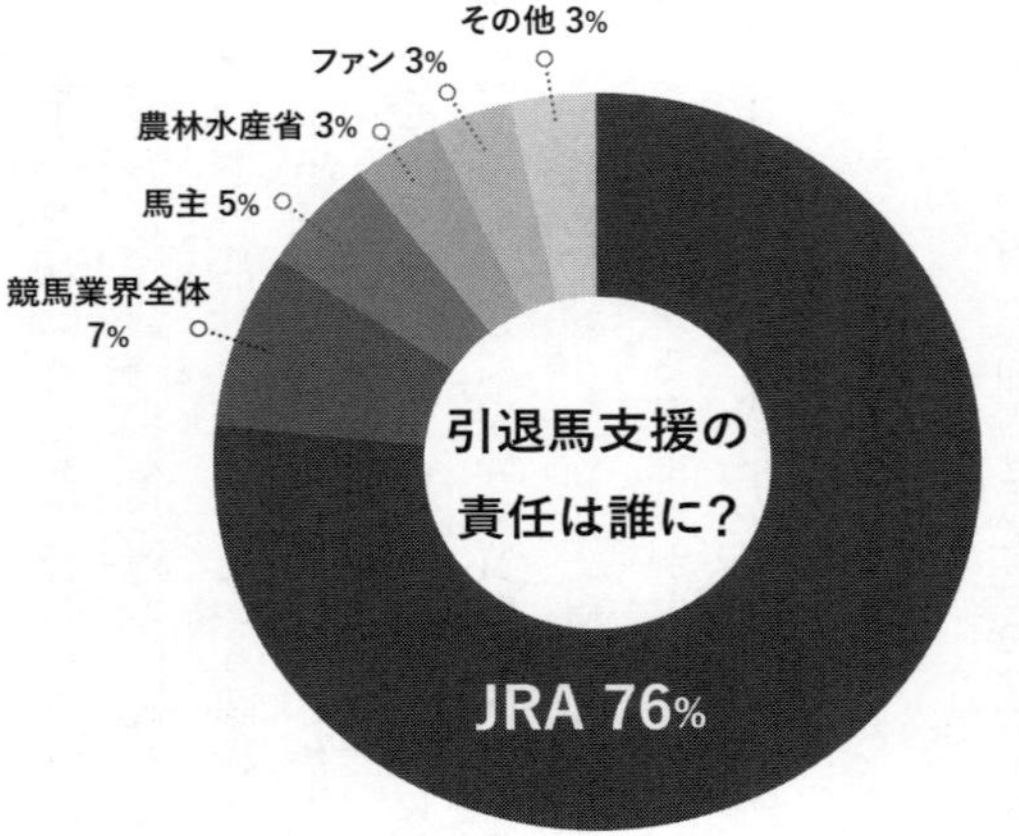

図8–2　「引退馬問題の責任の所在は?」/映画「今日もどこかで馬は生まれる」鑑賞者アンケート

馬が経済活動に参加することを中心にして、さまざまな可能性を模索しているという。

阿部理事長は言う。

「馬の余生の拡充、つまり引退後の居場所をなるべく広げ、多くの居場所をつくってあげることが一つです。その先には馬を好きになってもらう活動が必要なので、私たちの活動は大きく言ってこの二本柱になります。ここをまずしっかりとやって、それからさらに可能性を探っていくタームに入っていくのかなと」

具体的なセカンドキャリアの一つに、ホースセラピーのような「馬介在活動」がある。現在ホースセラピーは対象を主に身体障がい者に絞って行なわれているが、ＴＡＷとしてはさらに高齢者を対象にすることや、メンタルケアなどのソーシャルワーク的な働きに期待するなど、さまざまな可能性を探っているようだ。

また、大学の馬術部にも可能性を感じているという。西尾さんの話では、現在活動している大学馬術部の数は全国で80ほど。休部しているところも含めると１００ほどの数があるという。

そこで、例えば10頭を所有している部が20頭管理できるようになれば、全体でも相当数の馬に居場所をつくることができる。これには、新しい馬が入ってきたことですでにいる馬が居場所を追われてしまう、いわゆる「ところてん方式」にならないよう注意したうえで可能性を模索しているようだ。

西尾さんは言う。

「今日本で馬のいる場所をつくりましょうとなった時に、初期費用を全て自己負担にして、事業で回収するプランにはなかなか厳しいものがあります。だから場所づくりや施設の整備といった事業の初期段階でのサポートが重要で、取り組みの中ではウエイトが大きくなっています。

例えば、放牧地をつくるのに2000万円のコストがかかったとしましょう。すると、引退馬事業でそれを回収するのにいったい何年かかるのか？　という課題に直面します。どう試行錯誤しても途中でパンクするのならば、初期費用はサポートする必要があります。その代わり『20年は頑張ってくださいね』という、より具体的な話に変わってきつつあります。

だから行政の方々が『馬を使って地域振興を』となった時にも、初期費用はサポートして、その代わり馬の活用方法はいろいろと提示しながら、その後の運営は関わる人たちだけで持続できるように、という想定をしているところはあります」

前章で、これから引退馬に関わる事業を始めようとする人について、「馬を知り、引退問題の知識を持ち、事業家としても優れた資質を有している」人はなかなかいないのではないかと述べたが、そうした中でTAWが資金面の融資のみならず、その事業の発展に必要なさまざまな知見やコネクションを提供していくのは、素晴らしく価値のあることだ。そしてまたこれも、JRAとTAWにしかできない取り組みだと思う。

西尾さんが続ける。

「一筋縄ではいきませんが、さりとて馬の数自体は、犬や猫のように何百万頭もいるわけではありません。ではあと何頭分、例えばあと2万頭分、3万頭分必要なのかという、より具体的な話もこれから織り込んでいくことになると思います。
引退した馬たちが10年、15年と、さまざまに活躍するとすれば、どのくらいの場所と環境が必要なのか。それは闇雲にやっても広がるわけはなく、産業として馬に価値を感じてもらえるようにしないと広がりません。

TAW理事長の阿部智己さん

私たちも最初は、ちょっと乱暴な言い方になってしまいますが、お金だけドンと付ければ何とかなるのかなと思っていました。しかし最後は、彼ら（馬たち）と一緒に生活しようとか、彼らがいることが大切だと思う人がいないと成り立たないのが実態だったんです。だからそうしたことを踏まえて、これからがいよいよ本番だと思っています」

「お金だけで何とかなると思っていた」というのは、偽らざる本音だろう。志のある馬のスペシャリストに資金だけ与えれば、必ずしも事業が持続していくわけではない。どの世界でも、プレイヤーとして優れた人物がマネージャーとしても秀でているわけではないのだ。

そして、西尾さんの言葉でもう一つ私が強く関心を持ったのは、競馬主催者が行なう引退競走馬支援において、対象となる馬の総数について初めて話が及んだことだ。

それは、私がこの取材を通じて最も重視していた質問の一つだった。

経済動物であるということ

引退馬の問題をずっと追いかけてきた中で、引退馬支援の団体や検討委員会を含めて、どの団体からも一向に支援の目標頭数が出てこないことが、私はずっと気になっていた。「こういうことをやっています」「ここに向かって進んでいます」といった話は数多くあるが、具体的な支援頭数を明言して活動している組織は存在しない。

TAWは支援頭数についてどういう考えを持っているのか、理事長の阿部さんに率直に尋ねてみた。

「当然、この団体で全ての引退競走馬を、養老も含めて面倒を見るというのは難しいです。そのうえで、いざ私たちが100頭を目指します、1000頭を目指しますと目標を設定すると、その発信が一般にどのような受け止め方をされるのか、まだわからないというのが正直なところなのです。その理解を深めて、もし本当に（具体的な頭数目標を）出せるのであれば、という形でしょうか」

ここで言う「受け止め方」とは、「馬は産業の中で生まれた動物であり、経済性を失くしてその命を語ることはできないという前提を理解したうえで、TAWが発信した情報を受け取ってもらう」という意味だろう。単なる数字や情報の一側面を捉えるだけでは、この巨大産業が抱える問題や、その解決に向けた動きを正しく理解することはできない。

また過去には、引退馬を引き取ったり、活用した団体などに補助金を交付した時代もあったが、数をこなすために一度引き受けたものの、その後、その馬がどうなったのかを把握できないケースなどが生まれ、本質的な成果を得ることができなかったこともあったそうだ。

西尾さんも言う。

「馬自体が経済動物なんですよ。サラブレッドもそうだし、乗馬もそう。やっぱり必要があるから生産されているという、経済の理論があるから。やっぱり使いたい、飼いたい、乗りたい、そう思う人たちがいるから馬たちはつくられるし、改良もされる。やはり犬や猫とは比較にならないほど、競走馬や馬たちはお金や手間の負担がある。だけどそれ以上の馬事文化があるから、世界中に多くの馬がいます。

では生産頭数を減らせばいいかというと、話はそう単純ではありません。現在ヨーロッパでは、馬の生産頭数の減少に伴って乗馬用の馬の単価がどんどん上がっています。簡単に言うと、100人欲しい人がいて、（引退馬の問題を考えて）最後は50頭しか養えないからと生産頭数を50に設定したら、馬の買い値が倍になるわけです。馬が生産される仕組み自体がニーズに合わせて、経済の論理によってつくられているから、私たちは数字の目標を簡単に出すことはしません。

だから、動物愛護団体の方に、例えば生産頭数を3000頭にしたら全頭が余生を送れると言われた時に、『いいえ、そうではないんです』と議論するよりも、5000頭いたらその全頭になるべくチャンスが与えられる方向に私たちがシフトするのがいいと思うんですよ。

1頭1頭における経済面でのジャッジは、どうしたって避けられない。それは競走馬だけでなく、世界中の乗馬や馬術の馬も同じです。経済の枠組みの中で常に測られながら、命が長くなったり短くなったり、という話はどうしてもある。馬と人が歩んできた歴史の中で、その仕組みは簡単には変えづらいだろうなと思います」

競馬振興に軸足をおけば、西尾さんの言葉は非の打ちどころがない正論だ。

一方で、「1頭でも多くの引退馬の余生を確保する」と、引退馬支援をより高い水準で実現しようとする人からすれば、これは納得できる回答ではないかもしれない。

生産頭数を制限することで価格が高騰してしまうのも、現代において馬は生活必需品ではなく、究極の〝嗜好品〟だ。マイバッハやロールスロイス、ベントレーなどの高級外車は、生産台数が限定され価格が高騰する中で、それをもステータスにして富裕層を中心に愛されている。

また、生産頭数自体を制限するのではなく、生産された馬たちになるべくチャンスを与える方がいいという話もあったが、スーパーやコンビニなど小売業の仕事に例えるならば、「廃棄を出さないように売れる分だけ商品を発注しましょう」という方が常識的な感覚で、違和感なく受け入れられる考え方だろう。

しかし、ここで競走馬が「経済動物」であるという事実が一段と効いてくる。そう、馬は経済動物であり、家畜なのだ。サラブレッドは人間がつくり上げた社会の中で、経済的な役割を担って生まれている大前提がある。ＪＲＡが引退馬支援を行なうにあたっては、その大前提を引き継ぐほかない。

改めて言おう。ＪＲＡが目指すのはあくまで競馬振興であって、引退馬の保護活動ではない。前者を目指すうえで、後者が必要であると判断したに過ぎない。

ドライな言い方に聞こえるかもしれないが、これが紛れもない現実だ。そしてこの構造自体を責めても、話が堂々巡りになるのは目に見えている。私は、そうした指摘はナンセンスだと思っている。

競馬がなくなればいいのか

最後に、難しい質問であることは承知のうえで、「引退馬問題とは馬の問題なのか、人の問題なのか、どちらだと思いますか」という質問をした。

まず先ほどの西尾さんが答えてくれる。

「正直に言えば、馬の問題というものはないんですよ。犬も猫もそうかもしれないですけど、地球上では野生の動物でさえ、人の問題になっているので」

そうなると、「誰」の問題になるのだろうか。競馬に興じたり乗馬を楽しんだりする一般の人なのか、馬に携わる人なのか。この引退馬問題は、問題を知った人たちが納得するというところが一つのゴールになり得るのだろうか。

続けて阿部理事長が言う。

「納得も人によって違うので、ここまでやれば、というのはないと思うんですよね。1頭でも多くの馬の幸せを、というのは言葉では簡単に言えますが、では何をもって幸せか、それもまたわかりません。業界の人を除き、一般の方が、私たちの団体がどこまでやれば引退競走馬のために尽力していると思ってくださるかは、なかなかひと言では言えない、難しいところです」

事業部チーフの荒川さんも話してくれた。

「私ももともと馬が大好きで、農水省でも競馬監督課にいたり、鳥獣の捕獲に携わったり、畜産にも関わったりと、全般にわたってやってきました。一人でも多く馬と関わる人が増えれば増えるほど、馬が生きられる場所も増えるので、馬を好きになって

TAWの西尾髙弘さん

くれる人がこういう活動でつながっていけばいいのかなと思います」

それを受けて、八田事務局長も発言する。

「本当に難しいんですよね。取り組んでいても、捉える方によってそれぞれ解釈が違うので、正解はありません。何頭救えばいいのかにも正解はない。全て救わなければ納得しない人もいらっしゃいますし、救える頭数だけで競馬をやればいいじゃないかと言われる方もいらっしゃいます。愛護団体の方と、競馬ファンの方と、競走馬の生産や馬の畜産に携わっている方、それぞれの考え方が違っている。ある程度共通の価値観の土台ができてきて、取り組みも徐々に理解していただけるようになるならば、その情報を発信できる団体が、この発足したばかりのＴＡＷだと思っているところです。しかし、非常に難しいです」

阿部理事長が、最後にこう話してくれた。

「実際にお電話などでいろいろとお話をいただきます。ＴＡＷの引退馬支援の主旨をご説明すると、『それでも競馬で使われて、その後もまた使役されて、最後まで面倒を見てもらえないのならば、生まれてこなかったらそんな辛い思いをすることがないんだから、もう競馬自体をやめてください』と話される方もいらっしゃるんですよね。

競馬がなくなったら、日本からほぼ馬はいなくなってしまうんですよと言っても、『そんな辛い思いをするために生まれてくる子たちがいるんだったら、日本から馬という存在がいなくなった方がいいです』とおっしゃる方もいるのです。

競馬産業として携わっている人間の考え方と、生き物として何とかしてあげたいと思われている方の考え方に違いがあるので、言葉を選びながらお話しをするようにはしています。それでも、引退馬問題に対する考え方はあまりに多様です。支援の数値目標の話もそうですが、各団体の皆さんが数字を掲出するのに非常に慎重になっているのも、まさにそういったことがあるからではないでしょうか」

ＪＲＡの引退馬支援は何のためにあるか

長年の念願であった取材を終えた。

私が特に聞きたかったことは、まず「引退馬問題におけるＴＡＷの存在意義（立ち位置）」だ。それに対する阿部理事長の答えから、私はＪＲＡ内部にある検討委員会が「ハンドル」で、ＴＡＷが「エンジン」だと理解した。そして、ゆくゆくはＴＡＷがエンジン兼ハンドルになるのではないかとも感じた。

そしてもう一つは、「数値目標を掲げるか否か」についてである。

理由は至ってシンプルだ。企業の事業計画から個人のダイエットに至るまで、具体的な数値目標を掲げた方が進捗が明確になり、達成率が如実に示され、プロジェクトに推進力が生まれる。

しかしながら、TAWの回答は「掲げない」であった。

引退馬を1頭でも多く救う（余生をつくる）ことに比重を置くのであれば、2007年以降に生産された全ての競走馬に埋め込まれているマイクロチップを用いて、引退後の進路のトレーサビリティを持たせることで、引退馬の頭数管理ができる。しかし、そうすることで十中八九、生産頭数についてもメスが入るだろう。生産頭数の制限となれば、言うまでもなく生産者を中心として、競馬関係者に多大なる影響が及ぶ。この巨大産業に携わる多くの人たちの生活をはじめ、競馬がもたらすポジティブな成果を守るためにも、それは「できない」し「やらない」ということなのだろうと私は想像した。少なくとも、今は。

そして最後にもう一つ。

JRAやTAWの取り組みに動物愛護団体の人々が強く意見していると聞いたことは、私にとって印象深かった。それは一つの意見として受け止められてはいるものの、両者の考えは平行線だ。

その理由は再三述べている通り、ＪＲＡが第一の目的にしているのが競馬の振興だからだ。決して引退馬の保護活動ではない。したがって、異なる視点から言えば、ＪＲＡが引退馬支援により積極的になるには「競馬振興を目指すうえで、引退馬支援の〝必要性〟を高めることが必須」と言えるだろう。

そもそも愛護団体の人々は競馬をやらないし、好きではないだろう。引退馬問題はもとより、そもそも人の手によって命を生み出し、激しい調教と競走を強いる、その構造自体に物申したいはずだ。つまりは、競馬ファンの対極にいる存在と言える。となると、競馬振興を目的とするＪＲＡにとって、その人たちの意見を聞き入れるメリットがない。

引退馬の余生については、さまざまな立場から多くの思いが交錯している。

いよいよ次章を最終章として、私が考えるこの問題についての結論を述べてみたい。

第9章

リーダーを育て、共に歩む

私たちにできること、私にできること

共通のゴールがない中で

私は映画の制作をきっかけに、引退馬問題に携わるようになった。映画の企画を始めたのが2017年、撮影期間は主に2018年、完成と公開が2019年だった。

2022年には人と馬をより身近にすることを目的として、引退馬に関するメディアサイト「Loveuma.」をスタートさせ、同年、縁あってこの本を書き始めた。そう考えると、もうかれこれ7年ほどの活動となる。

この期間のみを振り返っても、引退馬協会と「ウマ娘」が起こしたムーヴメント「ナイスネイチャ・バースデー（メモリアル）ドネーション」、Yogiboヴェルサイユリゾートファームや TCC Japan の躍進、RRC杯の開催、競馬法の一部改正、そしてTAWの発足など、特筆すべきトピックは多い。2024年8月にも、岩手県遠野市がJRAからの打診を受けて引退競走馬を受託する動きがあるというニュースを目にした。映画制作当初と比べてもその動きは目まぐるしく、引退馬支援の形は日々変化し続けている。

だがしかし、この問題には共通のゴールがない。それぞれが自身の中にある正解を胸に活動している状況だ。

本書で紹介してきたように、私よりも長くこの問題に向き合い、活動されてきた方々は大勢いる。そうした方々を差し置いて言葉を並べるのは、いささか気が引けるところもある。しかし、これが最も「自分らしい引退馬支援」であると思い、ここまで書き続けてきた。

ここまで、競走馬の一生を軸に、生産、育成、現役から引退、さまざまなセカンド・サードキャリア、肥育や食肉の現場まで、それぞれの現場に携わる人たちの声を取り上げることで引退馬の実情に迫ってきた。家畜として生み出されるも、人間と密接な関係を築きながら生きて脚光を浴び、感情移入される、特殊な経済動物であるサラブレッド。その複雑さを映し出すように、その一生にはさまざまな立場の人が携わり、なんとしてでも馬を生かそうと手を尽くす人がいる一方で、「生かすことだけが幸せなのか」と毅然と言った人もいた。それぞれの人がそれぞれの立場で馬の命と向き合っていることを考えれば、この問題に全方位的な正解は存在しない。

しかし、この最終章では、これまで積み上げてきた事実を基に、この問題とどう向き合っていくべきなのか、私自身の考えをまとめたい。

責任の所在

引退馬問題、言い換えれば「引退した競走馬の余生が確保されていない問題」の責任の所在は、いったいどこにあるのだろう。

前章で述べた通り、映画「今日もどこかで馬は生まれる」の鑑賞者を対象に行なったアンケート調査では、引退馬支援の責任に関する回答で、76%がその責任の所在を「JRA」と答えていた。

競馬がなければ馬（サラブレッド）は生まれず、引退馬も生まれない。競馬主催者に大きな責任があるのは、まず間違いない。

では、責任の全てが競馬主催者にあるのかというと、私はそれは間違っていると思う。日本競馬の発祥に関しては諸説あるが、これまで100年以上の歴史の中で、いったいどれだけの人が競馬に興じてきたのだろうか。きっと本書を手に取っている人も、競馬という国民的な娯楽からかけがえのない体験をしてきたのではないか。

また競馬産業に携わり、生活を営む人たちがいる。そして競馬の売上の一部が社会のために活用されていることを考えれば、競馬産業に属さない人も知らずに恩恵を受けている。私たちは競馬という娯楽を通じて多くのものを得てきた。にもかかわらず、競馬の「負」

の部分ともされる、引退馬問題の責任を競馬主催者だけに丸被りさせることには、大いに違和感を抱かざるを得ない。

責任は平等にあると言いたいわけではない。最も大きな責任は競馬主催者にあると考えるのが自然だ。

その前提のうえで、今、競馬に関わる人々のそれぞれが、それぞれに合った形で責任を果たすことが求められているのではないだろうか。

自分がやるべき引退馬支援

引退馬支援を行なう責任は、誰から誰までにあるのだろうか。

結論から言えば「競馬から恩恵を受けた人で、走り終えた馬の余生が確保されていないことに違和感を抱く人全て」が、引退馬支援を行なうべき対象者だと私は思っている。

だが、これらの人たちが全て同等の責任を負っているわけではないとも思う。やはり、競馬という興行に関わっている人ほど、この問題に対して主体的な関わりを持つ必要性が増すと考えている。

では引退馬支援とは、いったい何をすればいいのか。まずは原則として「自分ができることをやる」というスタンスがベースになる。引退馬問題について自分なりの見解を持つこと、それをSNSなどで発信すること、寄付やそれにつながる購買活動をするなど、自分なりに考えたことを負担のない範囲で行なうのが、一個人の支援活動としては基本になるだろう。本書でも紹介してきた、引退馬協会やTCC Japanが提供する仕組みを利用するのも、もちろんいいだろう。

一方で、「自分ができることをやる」ことには、「自分にしかできないことをやる」ということも含まれると思う。自分が持っているキャリアやスペシャリティを駆使して引退馬問題に向き合い、行動するということだ。

厩舎や牧場関係者であれば、ぜひとも馬を飼養する知識や技術を活かした活動をしてほしい。本書で詳しく触れた元JRA調教師の角居勝彦さんはその筆頭と言っていいが、他にも例えば、元藤沢和雄《ふじさわかずお》厩舎でGIレースを6勝した名牝グランアレグリアを担当した現役の調教助手である渡部貴文《わたなべたかふみ》さんは、本業の傍らで「おさむとなべ Next Challenge!!」というYouTubeチャンネルの運営を通じて、馬の飼養管理や馬との接し方などについての情報発信を行なっている。また、牧場スタッフや川崎競馬場の厩務員を経て、育成牧場「リバティホースナヴィゲイト」を開業し、2013年よりJRAの馬主資格も取得している

佐久間拓士《さくまたくじ》さんは、自身が所有する競走馬のセカンドキャリアのために、美浦トレセンからほど近い茨城県阿見町《あみまち》で、自己所有馬の養老牧場兼、子どもから大人まで楽しめるふれあい施設として「うまんまパーク」を２０２３年に開園した。

彼らは馬を扱う知見はもちろん、豊富な人脈や発言力を活かしてさまざまな引退馬支援活動を展開している。馬への関わりが深い人が、より影響力が高い支援活動を行なえるのも事実だろう。

引退馬の現状に違和感を持つ全ての人が、どんなに些細なことでもいいから、自分ができることをやってみてほしい。その積み重ねによってこの問題が成熟していくのは間違いない。自分ができる引退馬支援とは何があるだろうか。まずはこの問いに向き合うことが、その第一歩だ。

全方位的な正解はないからこそ行動し続ける

私自身にもその問いは向けられるだろう。私は今この本を通じて、この問題を読者の方々と共有し、しかるべき人が議論を深める一助となることを目指している。映画のさらなる認知や「Loveuma.」の運営も、私自身が引退馬のために行なうべき活動だと思っている。

「Loveuma.」の運営には毎月約30万円のコストがかかっている。サイトのデザインや構築は自社内で行なっているとはいえ、システム関係の固定費や外部ライターへの報酬など、当然ながら運営コストは生じる。残念ながらサイトオープンの２０２２年７月から本書を執筆している２０２４年10月末時点まで、黒字計上できた月は１ヶ月のみ。他の27ヶ月は全てマイナスで、合算では約４７６万円の赤字だ。

もしもこの金額を引退馬協会に寄付していたら、行き場を失くした何頭かの馬の余生を繋げたかもしれない。「問題を一般に広く発信する」と言えば聞こえはいいが、その価値と馬１頭の命を天秤にかけたなら、どちらが正しいのか、答えを出すのは難しい。そう考えて、自分の行動が本当に引退馬のためになっているのか思い悩むこともある。

事実、私は馬を養う知識と環境を持たず、今からそれを手に入れる気概もない。だが、メディアをつくり運営し、情報を伝えることには長けているはずだという思いから、この活動を行なっている。

悩みは尽きないが、引退馬への想いと自分の専門性を掛け算にして、「よし、やろう」と思えたことを実行する人が増えることでしか、この問題は前進しないと思っている。たとえそれが不完全なものであったとしても、自分が決めて行動したことは、自分にも他者にも影響を及ぼす。その事実の積み重ねから目指すべき形が明確になり、問題の本質に近づいていけるのではないか。

先に述べた通り、この問題に全方位的な正解は存在しない。だから少なくとも今は、一人ひとりが自分なりの信念を持って行動を起こし、デファクトスタンダード（事実上の標準）の質を高めていくべきだと思う。

正解がないからこそ、行動を続ける中で、自分自身の正解も変化することもあるだろう。一度出した答えを改めることは決して恥じるべきことではないし、それよりも行動と変化をし続ける姿勢が重要だと私は信じている。

「かわいそう」は悪者を生む

私がこの問題について情報発信を続ける中で、いつも気をつけていることがある。それは「引退馬はかわいそう」というメッセージ一辺倒にならないようにすることだ。

引退馬がかわいそうかどうか、それをどう感じるかは人それぞれでいい。しかし、「かわいそう」という言葉は「被害」を連想する。被害者がいるということは、加害者がいる。

引退馬問題を語るうえで「かわいそう」という言葉を使うと、イメージの連鎖が起こり、悪者をつくり上げることにつながるかもしれない。

第5章で話を聞いた家畜商のXさんは、自身の仕事が競馬産業にとって不可欠な存在であるにもかかわらず、引退馬支援の現場からは悪者として見られていると感じており、その誤解を解くために取材に協力してくださった。

引退馬の未来をよりよくしたいという思いは、ポジティブな方向を向いているだろうか。特定の誰かを攻撃してはいないだろうか。もちろん、おかしいと思ったこと、問題だと感じたことは、声を大にして発信すべきである。

その人が何を思い、それがどんな情熱となって、どんなことを目指すのか。そのストーリーが人に感情移入させ、巻き込んで、事が進んでいくのはごく自然なことだからだ。

引退馬問題は、文化と経済と馬の命が複雑に絡み合って生まれた問題だ。だからこそ、建設的なコミュニケーションをとることで、多くの人と共に前に進むべきだと私は思う。

偏っているということ

映画「今日もどこかで馬は生まれる」は、食肉を含む引退馬のと畜だけを問題の根源としないことや、馬事業界の多様な立場の人たちを複合的に取り上げているからか、レビューや感想を見ると、「中立的にまとめられている」という声をよく目にする。

しかし、渋谷の劇場で上映後のアフタートークイベントにお呼びいただいた際、一人の観客の方に、こんなことを聞かれた。

「この作品は、馬だけにフォーカスをしています。平林監督は、馬の命は牛や豚や鶏の命と違うものだと思いますか」

それに対し、私は、

「命の重さや尊さという観点では、同じだと思っています」

と答えた。するとその方は、こう続けた。

「私は馬だけを取り上げた時点で、この作品は中立的ではないと思います」

この発言を受けて、私は「確かにそういう考え方もあるな」と思った。

牛や豚や鶏ははじめから食用として生を享け飼養されるが、馬は競馬という興行のために生まれ、名を付けられて「個」として飼養される。動物の命の重さや尊さは等しいという思いに嘘はないが、食用のために生産された家畜とは一線を画すところもあると思っている。私がそんなことを考えていた時、その方はさらにこう言った。

「競馬ファンではない人からすれば、平林監督の考えは到底中立的ではないと思います。だけど、いつの時代も中立的な考えの人ではなく偏った考えの人が、世の中の常識を変えるのだと思うので、平林監督を応援します」

目から鱗だった。

私はこの問題を取り上げるうえで、「中立」であることを意識し続けてきた。しかし、そもそもこの問題にフォーカスした時点で偏っているというのだ。それはその通りかもしれない。

私はこの時のことを何度も思い出す。この言葉が今も胸に刻まれている。

「平林さんは馬が好きなんですか？」

本書の冒頭で述べたが、映画は当時、馬事業界と無関係の会社員だった私がクラウドファンディングを利用して資金を募り、有給休暇を利用して撮影したものだ。

制作時、競馬関係者の方々との取材交渉の折、必ずと言っていいほど言われた言葉がある。

「平林さんは馬が好きなんですか？」というものだ。

引退馬協会の沼田恭子さんからも、調教師の鈴木伸尋さんからも、ビッグレッドファームのマネージャーさんからも……。業界で長らくタブーだった引退馬問題を映画にする、という旨がまとめられた企画書を手にしたホースマンたちから、私は幾度となく、この問いを受けた。「何のために映画を作りたいのか」。無論それは企画書の1ページ目に書いてはいた。だが、私の口から映画を撮る原動力が何なのかを聞きたいと思ったのだろう。

出演していただいた方々には、一銭の出演料もお支払いしておらず、有志としてご協力いただいている。中には、本業に差し支えるリスクを承知のうえで出演いただいた方もいる。しかし、皆さん一様に「馬のためになるなら」という一心で、決断してくださった。そうした意味では、出演者の方々も業界から見れば「偏った人」なのだと思う。

偏ることには勇気が必要だ。

そして「勇気」とは、違和感から生まれた信念から派生するのだと思っている。

「引退馬のことを口にして良いんだ」

元調教師の角居さんとは、「Lovema.」の取材を始め、さまざまなお仕事で幾度となくご一緒させていただいている。

角居さんからもらった言葉で最も嬉しかったのは、映画について話をしていた時のものだ。映画公開以後、栗東トレーニングセンターでも引退馬の話をする人が増えたとのことで、「映画を観て、みんな口々に、引退馬のことを口にしていいんだと思ったと言っていたんですよ」と仰っていた。

厩務員の方には担当馬がいる。その馬はいつか引退を迎える。業界には昔から「引退した馬の〝その後〟は追うな」という暗黙の了解がある。これまで見てきた通り、それは馬の引退後の進路が、馬とともに長い年月を共に過ごした厩務員にとって辛いものであることの方が多いからだろう。同作の中で、馬に関わるさまざまな人たちが「割り切るしかない」と発言していることからも、そこに葛藤が見てとれる。

そうした中で、映画を通じて多くの競馬関係者が勇気を持って引退馬について公《おおやけ》に思いを発信してくれたことで、「業界にいても引退馬について発言していいんだ」という意識の変化が起こったのだという。

表現活動を生業にする者にとっては、この上ない幸せだ。

競馬業界は閉鎖的だとよく言われる。騎手や厩務員はＪＲＡ競馬学校の騎手課程、厩務員課程を卒業することで免許が交付されるという特殊な体制をはじめ、古くから業界に携わってきた一家の世襲による代替わりも多く見られることなどが、その背景にあるのだろう。伝統的な業界は、時として守ってきた慣習が時代のスタンダードから乖離してしまうこともあるかもしれない。

競馬産業に従事する人がこの問題をどう捉え、どう向き合うかによって、問題が前進する速度が大きく変わるはずだ。

引退馬支援の「リーダー」としてのＪＲＡ

そしてそのうえで、引退馬問題の解決を推進するためには、リーダーが必要だ。そしてそれは、やはりＪＲＡにしか務まらないと思っている。

それは競馬という巨大産業の中にいて、それぞれの事情を抱える多くの関係者たちを取りまとめて引退馬支援を行なえる存在だからだ。コネクション、資金力、ルール制定なども含めた実行力など、全てを持ち合わせている無二の存在である。日本の引退馬問題は地方競馬も含めた問題だが、「競馬」という言葉を聞いて多くの人が想起するのは中央競馬だろうし、産業規模としても先を行くＪＲＡに地方競馬を先導していってほしい。

前章で述べた通り、ＪＲＡはすでに引退馬支援に「ハンドル」として参加している。そして2024年にTAWを「エンジン」として発足させ、共管的に引退馬支援を推進していると私は理解している。

JRAが主導する引退馬支援とは、言わば「引退馬を守ることで競馬を守る」ことを目的とした活動だ。競馬振興を目指すうえで引退馬支援が必要だという判断があるからこそ、引退馬支援がある。これが基本的な構造だ。

JRAホームページ内「経営ビジョン」に掲載されている「経営の基本方針」には、JRAが何を目的として組織され、活動しているかが書かれている。

それをここに引用したい。

経営の基本方針「JRAは、毎週走り続けます。」

お客様とともに

私たちは、お客様を第一に、皆様にご満足いただけるよう取り組んでいきます。

夢と感動とともに

私たちは、レースの迫力、馬の美しさ、推理の楽しみが一体となった競馬の魅力を高め、夢と感動を皆様にお届けします。

信頼とともに

私たちは、快適で安全な環境のもと皆様から信頼される公正な競馬を着実に実施していきます。

社会とともに

私たちは、皆様に親しまれる競馬の開催を通じて社会への責任を果たし、持続可能でよりよい社会の実現に貢献していきます。また、馬に寄り添い、馬文化を育んでいきます。

そして未来へ

私たちは、歴史と伝統のある競馬の発展に努め、国際的なスポーツエンターテインメントとしての競馬を皆様とともに創造していきます。

30年以上競馬を楽しんでいる一人の競馬ファンとしては、ここで掲げられていることは十分に達成されていると思う。私もこれまで、レースの臨場感から馬の魅力、予想の楽しさに触れて、多くの喜びを受け取ってきた。また大きな災害が起こる度に、ＪＲＡが多額の寄付金を拠出していることも知っている。間接的ではあるが、とても感謝している。

しかし、このＪＲＡの活動方針の中に、引退馬についての記載はない。あくまで引退馬問題とは、ＪＲＡの目線で言うならば、経営ビジョンの達成を目指していく中で生まれた経営課題なのだろう。

繰り返しになるが、ＪＲＡの第一の目的は競馬振興であって、引退馬の保護活動ではないのだ。私たちはそれを肝に銘じなければならない。しかしそれでも、私はＪＲＡをリーダーに据えることを強く推したい。

ともすれば、競馬を守りながら引退馬問題に向き合うことが、事実上（少なくとも今は）私たちに残された唯一の手段ではないかと思う。だからこそ、私たちはまず、リーダーが何を目指しているのかを正しく理解する必要があるだろう。

人が動き、制度ができるには

では、「リーダー」としてのＪＲＡに何を求めるべきか。

「競馬を楽しみながら引退馬支援を行なえる」ということが、現時点でのこの問題に対する理想のあり方だと私は思う。引退馬問題を気がかりに思うファンの後ろめたさを軽減するような仕組みをつくるのも、ＪＲＡの役割に他ならない。

日本は経済や文化が成熟した先進国であり、現代の国内産業は「量よりも質」、ひいては「付加価値の設定」を重視してマーケティング競争を繰り広げている。こと競馬においても、「馬券が当たって儲かればいい」「競馬を観に行って高揚感を得られればいい」という、興行のベースにある魅力だけで発展し続けることは困難な時代になったと感じている。一握りのスターホースが脚光を浴びる一方で、数多の馬たちが「行方不明」になるこの問題をおざなりにし続けるのは、今の時代にはそぐわないだろう。

競馬の廃止や生産頭数の制限といった、現状からの「引き算」的発想で解決を目指すことができないのであれば、馬券の払い戻しの一部を引退馬支援に寄付できる仕組みをつくったり、馬券売上を引退馬支援の資金に充てることを掲げる特別レースを開催するなど、ぜひ主催者主導の「足し算」的発想で、競馬ファンをどんどん巻き込んで引退馬支援を推進してほしい。

そのうえで、引退馬問題のゴールはどこにあるのだろうか。

競馬を守ろうとするための引退馬支援を行なう限り、少なくとも今は「全頭を救う」というゴールは成立しない。そしてこの「全頭救うことは不可能」という認識は、正直に言うと引退馬問題を深く知る人の常識になっている。ＪＲＡをリーダーとして引退馬支援を行なう限り、この事実は変わらないだろう。

全頭の余生を確保できないとするならば、この問題の解決とはいったいどのような状況で、どこへ向かってどう支援を続ければいいのか、さらに言えば、余生がつながった頭数が増えれば前進と言えるのかすらも疑いたくなってしまう。

最後まで来て「何を今さら」と思われるかもしれない。

しかしこの問題は、ゴールが曖昧なままにされている気がしてならない。ＴＡＷの阿部智己理事長でさえ、ゴールをどこに据えるべきか思い悩んでいる。少なくとも今は、引退馬支援の先駆者たちそれぞれの中にある答えをもとにして、目の前の1頭1頭に向き合っている状態だ。

もしもあなたが、「全頭救うことは不可能」だということに納得できないのであれば、Ｊ

RAが主導する引退馬支援の流れを変えなければならない。そしてその方法とは、JRAに「競馬振興を目指すうえで引退馬支援の〝必要性〟を高めることが必須」だと感じてもらう他ないのだ。

図式としては「政治」と非常に似ている。「国民（競馬ファン）の支持を得るために必要だ」「国民（競馬ファン）が良い生活（いい競馬体験）をするために必要だ」と思えば、人が動き、制度が成立するかもしれない。そう考えればやはり、競馬界とファンをつなぐメディアの役割もひときわ重要になってくる。リーダーが考えていること、成果と課題、それを忖度《そんたく》せずに、確かなエビデンスとともに発信していかなければならない。

そしてそれは、自分自身にも改めて言い聞かせたいことである。

デファクトスタンダードを更新し続ける

結論を言えば、私たちがやるべきこととは、リーダーを育て、共に歩むことだ。

競馬主催者は引退馬支援のゴールとそれを達成するまでの道筋を示すこと。競馬関係者は引退馬問題について専門性を活かした主体的な責任の取り方を示すこと。メディアは競馬主催者に忖度せずに引退馬の情報を発信すること。競馬ファンをはじめ、引退馬の現状に違和感を持った人は、自分ができることを行なうことだろう。

辞書によれば、リーダーとは「先導する人」を指すそうだ。目標を達成するうえで極めて重要な存在であることは言うまでもないが、必ずしもリーダー自らが実行をする必要はないことも合わせて伝えたい。この巨大な問題には、さまざまな立場から多様な形の支援活動が必要となることは、幾度となく述べてきた。リーダーが確固たる指針を示し、専門的か一般的かを問わず、さまざまな人たちがその活動に伴走し、リーダーが示すビジョンを実現していくことが、何よりも重要だ。

そしてもう一つ思うのは、リーダーとは決して「完璧な存在」ではないということだ。私自身、零細企業でリーダーをしている身だが、物事はすぐに忘れるし、誤ったことも言うし、時として社員から指摘も受ける。反省するべきところは大いに反省しなければならないが、リーダーとはあくまで立場に過ぎない。

引退馬問題においても、JRAという巨大な存在を先頭にして支援活動を進めていくわけだが、リーダーを支持しすぎてはいけないし、任せすぎてもいけない。例えるならば、知人への優しさではなく、家族への優しさを持って接したい。波風を立てない当たり障りのない優しさではなく、時として嫌われることを覚悟のうえで、厳しく、愛を持って接するのが理想ではないか。それはいかなる時も伴走し続ける、強い意志を持ち合わせるからこそできることだと思う。

そうした基本的な考え方のもとに、この問題のデファクトスタンダードを更新し続ける基本的なサイクルは、次のようなものだと考えている。

1　私たち一人ひとりが引退馬問題の現状を知って、自身の考えを発信する
2　競馬主催者がそれを汲み取って、引退馬支援のルールをつくる
3　各馬事団体がルールに従った支援活動を行なう（1に戻る）
※メディアはこの循環を支える情報発信を行なう

このような循環のもとに、JRAというリーダーが競馬を守るうえで「どのぐらいのレベルで引退馬支援をすべきか」、その判断材料を提供し続けることが、競馬産業に属さない人たちが果たすべき責任だと思う。具体的な頭数目標を掲げる必要があるか否かも、その一つだ。

恩返しか、罪滅ぼしか

私たちは、楽しさや利益といった競馬のポジティブな面と、引退馬に対しての後ろめたさなどのネガティブな面とを天秤にかけ続けている。それは恐らく、これからもそうだろう。壮大な悩みの前では心が折れ、「一人では何もできない」と蓋をしてしまうこともあるだろう。私自身がまさにそうだった。10代の頃に知って蓋をした引退馬問題に再び手をつけたのは10年以上経ってからだった。その10年の間も、競馬の素晴らしさに触れる度に、ずっと違和感を拭えなかった。蓋をした中から何か声が聞こえてくるような気がした。だが、どうしても蓋を開けるのが怖かった。

それは、自分には何をする力もないと思っていたからだ。

大きな問題を前に、人ひとりの力は無力だ。だからこそ、肩肘を張らずに思ったことを発信したい。そしてそこで生まれた反応に対して、考え、発信を重ねる。全方位的な正解はないのだから、間違いを恐れる必要なんてない。過不足や間違いを指摘されたら受け入れればいい。モラルを守ったうえで自由にやればいいじゃないか。

そしてその声を、メディアはもっと取り上げなければならない。「Loveuma.」以外でも、大手の競馬メディアやＪＲＡが運営する引退馬専門メディア「HUMAN with HORSES」でも、引退馬が活躍するポジティブな情報だけでなく、引退馬に関する頭数やコストなど諸々の数字を掲出し、実情の一端を正しく発信してほしいと切に感じる。シビアな数字を出さずに、「引退馬支援が今盛んです」「ここでも引退馬が活躍しています」とばかり発信し続けていたら、この問題は一生解決しないだろう。毒にも薬にもならない、耳触りのいいことだけを発信するのは、ある意味では〝罪〟にもなる。

メディアを運営する立場としては、競馬業界に深く分け入らなければ情報もコネクションも手に入らない。だが業界に依存する形になっては、情報を発信する際に忖度が生まれるのは自然なことだ。かくいう私の経営する会社も、馬事関係のコンテンツ制作の依頼を多くいただいている。

しかし、それを決して100%にはせず、馬事業界以外の仕事にも力を入れてバランスを取るように心がけている。誤解のないよう言っておきたいが、馬事産業の方々に喧嘩を売るつもりは毛頭ない。だが、仮にお付き合いが遮断されたとしても、自分と社員が生きていける状況を担保することは心がけている。そうしなければ、信念に基づく情報の発信は困難だ。

偉そうなことを言っているが、私自身、本書の執筆のお話をいただいた時に、迷いもあった。それは、正しいことを言うことがそのまま正しいことになるわけではないと、重々承知しているからだ。

私がここで書いていることは、手前味噌ながら「一つの正論」だろうと考えている。しかし、私の本が売れようとも、直接的に引退馬の余生が確保されるわけではない。だがJRAの取り組みは違う。確実に引退馬の余生の確保につながる施策を講じられるのだ。だから長らく競馬業界のタブーとされてきたこの問題に、主催者が本腰を入れて動き始めた今、その取り組みに水を差すようなことはしたくないと躊躇したところはあった。

だがやはり、引退馬支援に関するポジティブなトピックだけが世の中に溢れ、引退後の進路に関する数字はうやむやなままにされ、競走を終えた後もどこかで馬は生きているのだという印象を持つ人ばかりにしたくない、してはならないという思いが勝った。

この本は、そんな私の偏りから生まれたエゴの塊に他ならない。

私は時代に残る作品を作ることを目指す表現者として、この問題に向き合っている。言うならば、作家活動の一環として引退馬支援をしているだけだとも言える。そう、馬のためではなく自分のためだ。もちろん世の中には、利己的な私とは違って、ただ純粋に馬のためを思って支援活動をしている人もいる。そういった方々には最大の敬意を表したい。

だが、自分を正当化したいわけではないが、たとえ利己的であったとしても、専門性を駆使した引退馬支援が増えていくことが、この問題の前進に大きな力を持つとも強く思っている。自分にしかできないことを探して、それが引退馬支援と交わったならば最高だ。

私の人生には、常に競馬があった。そして、馬がいた。幼い頃も今も、父と競馬の話をするのが大好きだし、私のキャリアも競走馬たちのおかげで作られたと言っても過言ではないだろう。

恩返しか、罪滅ぼしか、表現に迷う。

しかし、馬たちからもらったたくさんの思い出を胸に、私は自分ができる引退馬支援を続けたい。

おわりに

執筆活動に終わりが見えてきた10月下旬。プロデューサーから1本の電話が入った。元メジャーリーガーのイチローさんを起用した、JRAのビッグプロジェクト「ICHIRO MEETS KEIBA」の「イチロー×武豊」対談映像の演出の依頼だった。

本書は2024年12月の発売が決まり、最後の校正の締切が11月14日と伝えられていたが、その収録は、その前日の13日なのだという。誰にも言っていなかったが、私は「自分で選んだ道の上で、武豊さんと仕事をする」ことを目標にしてきた、大の武豊ファンだ。スケジュールだけで言えば、断るほかないが、気付いた時には「ぜひお願いします」と言って電話を切っていた。

この「おわりに」を書いている今日は11月10日。自業自得とはいえ、この数週間は激動だった。そもそも前述の仕事以前に、年末に向けて繁忙を極めている。予算組みの関係で、この時期は一般企業の広告制作の依頼がとりわけ多い。そして弊社は今月が決算月ということもあって事務作業も山積みだ。ICHIRO MEETS KEIBA以外にも、JRA-VANの各種広告制作や、一口馬主クラブの広告物、育成牧場のPRコンサルティングなど、馬の仕事は多い。改めて弊社（私）は競馬の恩恵を大いに受けている。そしてここ数年は、競馬のプロモーションと本書の執筆を行き来するのが日常だった。

ふと気になって、メールボックスを見てみると、NHK出版の田中遼さんからの初めてのメッセージは、2022年5月23日に届いていた。そこには、「『今日もどこかで馬は生まれる』を観た」という前置きの後に「映画公開後のムーヴメントを作る一環としても、映像と地続きの形で、書籍という異なる形での新たな展開を、ぜひともご一緒に模索できないでしょうか」と続いていた。このメッセージを見つけたときに、大きな驚きと喜びに包まれたことを思い出した。

約2年半の歳月をかけて本書の執筆を行なってきたが、編集担当が田中さんで本当に良かった。私が懸命に考えた本のタイトル案を一蹴し、修正なしで進めようとしたゲラの校正も一切許してくれず、田中さんはいつも厳しく我が強かった。でもそれが涙が出るほどにありがたかった。自分の作品にこれほどまでに情熱を注いで共作してくれる人とは、そうそう出会えない。目を背けたくなる量の付箋とともにコメントが書き込まれたゲラの束が、田中さんが時に私以上に本書に熱心に向き合ってくれた証だろう。私は田中さんに見つけていただいて、本当に幸運だった。

また、これまで執筆をサポートし続けてくれた片川晴喜《かたかわはるき》さんにも感謝を伝えたい。私の言葉を代筆したり、資料を読み漁って情報を抽出したり、私の代行で取材に行ったこともあった。共著者として名前を出したいぐらいに苦楽を共にした存在だ。彼との出会いは、映画を横浜で上映する際に、わざわざ奈良県から来てくれたことから始まった。彼はまだ二十代半ばだ。無限とも言える可能性の中で、これからも自分が選んだ道に全力で挑戦していってほしい。そして次は、私が彼の力になる番だと思っている。

執筆のサポートという点では、緒方きしんさんをはじめとする、競馬ニュース・コラムサイト「ウマフリ」のライターの皆様と、本書では「引退馬支援者の一人」として紹介させていただいている、競馬ライターの佐々木祥恵さんにも感謝を伝えたい。本書の内容は「Loveuma.」に掲載された記事の内容に多くを負っている。もちろん、その全ては私が企画・監修しているわけだが、記事の執筆はライターの方々のお力添えがあってのものだ。それなくして本書の完成はなかったことを、読者の皆様にもお伝えしたい。

推薦文を書いてくださった福永祐一さんにも感謝を伝えたい。福永さんとは過去に二度お仕事をご一緒しているが、おそらく私のことは覚えていないだろう。だが、本書の推薦文を福永さんにぜひともお願いしたいと早い段階から思い描いていた。それは、これまで多くの競馬関係者に引退馬問題について問うてきたが、福永さんの言葉はとりわけ鋭く、強く、真っ直ぐだったからだ。平たく言えば、心を掴まれたのだ。福永さんは調教師として開業1年目。秋競馬でご多忙を極める中で、謝礼を固辞してこの仕事を引き受けてくださった。私はこのことを一生忘れないだろう。

そして図版制作をはじめ、本書執筆において幅広く私をサポートしてくれた椎葉《しいば》権成《のりしげ》さんにも感謝を伝えたい。彼は弊社で唯一の正社員だ。良いことも悪いことも、私はまず彼に話す。椎葉は私の言葉に耳を傾け、喜んだり困ったりしながら、その「思いつき」に言葉を返したり、形にしたり、他者に伝えたりする。経営が苦しい時も、火を吹くほど繁忙な時期も、二人三脚で乗り越えてきた、かけがえのない存在だ。これからは仲間も増えていく。わがままな社長のもと、無理のない範囲で共に歩んでほしい。

最後に、本書の取材や制作にご協力いただいた皆様と、日頃より「今日もどこかで馬は生まれる」や「Loveuma.」を含む、Creem Panを応援いただいている皆様、そして本書を手に取っていただいた皆様に、心より御礼申し上げたい。

偏った考えの私は、勇気を出して本を書いた。そしてそんな私を、馬を思う多くの方々が支えてくれた。これからも私は皆と共に競馬を愛して生きていきたい。

本書は、私から競馬への愛の証だ。

２０２４年11月10日

平林健一

DTP　角谷　剛
編集協力　辻谷秋人
校閲　金子亜衣
イラスト　竹田嘉文
図版作成　椎葉権成

平林健一 ひらばやし・けんいち
1987年、青森県生まれ。
映画監督、起業家。多摩美術大学卒業。
引退馬をテーマにしたノンフィクション映画
「今日もどこかで馬は生まれる」を企画、監督し、
門真国際映画祭2020優秀作品賞および大阪府知事賞を受賞。
JRAやJRA-VANの映像制作をはじめ、テレビ東京の競馬番組など
競馬関連の多様なコンテンツ制作を生業としつつ、
人と馬を身近にするサイト「Loveuma.」を運営し、
引退馬支援をライフワークとしている。本書が初の著書となる。

NHK出版新書 733

サラブレッドはどこへ行くのか
「引退馬」から見る日本競馬

2024年12月10日 第1刷発行

著者 平林健一 ©2024 Hirabayashi Kenichi
発行者 江口貴之
発行所 NHK出版
〒150-0042 東京都渋谷区宇田川町10-3
電話 (0570) 009-321(問い合わせ) (0570) 000-321(注文)
https://www.nhk-book.co.jp (ホームページ)

ブックデザイン albireo
印刷 新藤慶昌堂・近代美術
製本 藤田製本

Printed in Japan ISBN978-4-14-088733-2 C0275

NHK出版新書好評既刊

哲学史入門Ⅰ 古代ギリシアからルネサンスまで
斎藤哲也［編］
第一人者が西洋哲学史の大きな見取り図・重要論点をわかりやすく、そして面白く示す！ シリーズ第一巻は、古代ギリシアからルネサンスまで。
718

哲学史入門Ⅱ デカルトからカント、ヘーゲルまで
斎藤哲也［編］
第二巻は、デカルトからドイツ観念論までの近代哲学を扱う。「人間の知性」と向き合ってきた知の巨人たちの思索の核心と軌跡に迫る！
719

戦時から目覚めよ 未来なき今、何をなすべきか
スラヴォイ・ジジェク
富永晶子［訳］
人類の破滅を防ぐための時間がもう残されていないとしたら——。現代思想の奇才がウクライナ戦争以後の世界の「常識」の本質をえぐり出す。
720

哲学史入門Ⅲ 現象学・分析哲学から現代思想まで
斎藤哲也［編］
近代哲学はいかに乗り越えられ、新たな哲学が誕生したのか。第三巻は、二〇世紀を舞台に大陸系と英米系という二大潮流を最前線までたどる。
721

中国古典の生かし方 仕事と人生の質を高める60の名言
湯浅邦弘
悩んだときは、『孫子』×『貞観政要』と、『菜根譚』×『呻吟語』が役に立つ。ユーモア抜群の研究者が解説する、「故事・ことわざ」読み方指南の書！
722

新プロジェクトX 挑戦者たち 1 東京スカイツリー カメラ付き携帯 三陸鉄道復旧 明石海峡大橋
NHK「新プロジェクトX」制作班
18年ぶりに復活の群像ドキュメンタリー、待望の書籍化第1弾！「失われた時代」とも言われる平成・令和の挑戦者たちの知られざるドラマを描く。
723

NHK出版新書好評既刊

人口減少時代の再開発
「沈む街」と「浮かぶ街」
NHK取材班
補助金依存など、ほころびを見せつつある高層化による再開発スキーム。福岡、秋葉原、中野、福井……、現地の徹底取材からその深部に迫る！
724

「ネット世論」の社会学
データ分析が解き明かす「偏り」の正体
谷原つかさ
「民意」を作るのは、わずか0・2％のユーザだった！ 思い込みや偏見を排した定量的なデータ分析に基づき、「ネット世論」の実態に迫る快著。
725

新プロジェクトX 挑戦者たち 2
国産EV 隠岐 離島再生
心臓・血管修復パッチ
スパコン「京」 自動ブレーキ
NHK「新プロジェクトX」制作班
泥臭く、ひたむきに働く人々が乗り越えた幾多の困難。そこに大切なメッセージがある。新たな価値や課題に果敢に挑んだ地上の星たちの物語。
726

ドラマで読む韓国
なぜ主人公は復讐を遂げるのか
金光英実
韓ドラに復讐劇が多い理由とは？ 韓国の人間関係は「親しき仲には遠慮なし」？ ドラマ作品を通じて隣人の素顔に迫る、新感覚の韓国社会入門！
727

ホワイトカラー消滅
私たちは働き方をどう変えるべきか
冨山和彦
企業支援の第一人者が語る、これから起きる「労働移動」。ホワイトカラーが、シン・ホワイトカラーとして働き場所を新たに見出す方策を明瞭に示す！
728

風呂と愛国
「清潔な国民」はいかに生まれたか
川端美季
いつから日本人は「風呂好き」と言われるようになり、入浴することは規範化したのか？ 衛生と統治をめぐる、知られざる日本近代史！
729

NHK出版新書好評既刊

戦時下の政治家は国民に何を語ったか
保阪正康

初の普選から戦時体制へ。時の首相は国民に何をどう語ったのか。二十四人の政治家の肉声から太平洋戦争までの実態を明らかにする、類を見ない一冊！

730

額縁のなかの女たち
「フェルメールの女性」はなぜ手紙を読んでいるのか
池上英洋

古代から現代まで、女性イメージはいかに生まれ、いかに変遷してきたのか。カラー図版140点超を交え、名画誕生の舞台裏に迫る。

731

新プロジェクトX 挑戦者たち 3
トットちゃんの学校 男子バスケ 五輪への道 サッカー女子W杯優勝 薬師寺東塔 大修理 フリマアプリ世界へ
NHK「新プロジェクトX」制作班

人は何のために「壁」に挑むのか？戦時下の教育物語から、スタートアップ企業の奮闘まで、多彩な分野で夢を追う人々の5つのドラマ！

732

サラブレッドはどこへ行くのか
「引退馬」から見る日本競馬
平林健一

ターフを去った競走馬はその後どこへ行くのか？サラブレッドの一生を軸に、現場関係者への綿密な取材を通して、競馬の未来を問う。

733

蔦屋重三郎と浮世絵
「歌麿美人」の謎を解く
松嶋雅人

蔦屋重三郎がモデルの大河ドラマ「べらぼう〜蔦重栄華乃夢噺〜」の近世美術考証者でもある著者が、美術面から蔦重の仕事に迫る意欲作。

734